"十三五"国家重点图书出版规划项目

中国埙乐名家

刘宽忍 主编
王其书 辛雪峰 编著

陕西新华出版传媒集团
太白文艺出版社·西安

图书在版编目（CIP）数据

中国埙乐名家 / 王其书, 辛雪峰编著. -- 西安：太白文艺出版社, 2020.12
（中国埙乐文化 / 刘宽忍主编）
ISBN 978-7-5513-1943-0

Ⅰ.①中… Ⅱ.①王… ②辛… Ⅲ.①民族管乐器—音乐家—生平事迹—中国 Ⅳ.①K825.76

中国版本图书馆CIP数据核字(2020)第255193号

中国埙乐名家
ZHONGGUO XUNYUE MINGJIA

作　　者	王其书　辛雪峰
责任编辑	张婧晗
封面设计	郑江迪
版式设计	建明文化
出版发行	陕西新华出版传媒集团 太 白 文 艺 出 版 社
经　　销	新华书店
印　　刷	西安市建明工贸有限责任公司
开　　本	720mm×1000mm　1/16
字　　数	216千字
印　　张	20.25
版　　次	2020年12月第1版
印　　次	2020年12月第1次印刷
书　　号	ISBN 978-7-5513-1943-0
定　　价	199.00元

版权所有　翻印必究
如有印装质量问题，可寄出版社印制部调换
联系电话：029-81206800
出版社地址：西安市曲江新区登高路1388号（邮编：710061）
营销中心电话：029-87277748　029-87217872

《中国埙乐文化》项目编委会

总顾问：乔建中

主　编：刘宽忍

总策划：党　靖　党晓绒

编　委：（按姓氏音序排序）

陈秉义　陈　悦　程天健　戴　亚　董文强　杜次文
高纯华　郝益军　黄金成　蒋国基　李　镇　梁　欣
刘爱国　刘凤山　刘　豪　刘　琳　刘美琪　刘三虎
刘　扬　罗井昕　马　迪　马　骁　乔　颖　秦　俭
曲　祥　沈瀚超　石　磊　谭炎健　唐俊乔　王洪涛
王厚臣　王其书　王　玉　辛雪峰　易加义　于连军
袁非凡　詹永明　曾格格　张　辉　张荣华　张维良
张延武　张颖铮　张友刚　赵　亮　周可奇　周世斌

前　言

"至哉！埙之自然，以雅不僭，居中不偏。故质厚之德，圣人贵焉。"唐代郑希稷的《埙赋》写出了埙的平和之气、理化之音。埙刚柔必中，清浊靡失，古今无出其右者。

埙是我国最古老的乐器之一，在几千年漫长的演变过程中，虽经传承发展但仍日渐式微。1956年以来，西安半坡遗址、姜寨遗址先后出土了距今6000多年的陶埙。1973年，浙江余姚河姆渡文化遗址出土了一枚无音孔陶埙，经考证，距今约有7000年的历史，是我国目前发现的最早陶埙。此后，在河南、山西、宁夏、甘肃、台湾等地，不同历史时期的埙陆续在考古中被发现，与我国一衣带水的日本、韩国等亚洲国家，以及欧洲、非洲，甚至大洋洲、太平洋彼岸的美洲，也有埙的身影。

20世纪中叶，我国个别对古埙有深厚情怀的专家、学者及演奏家，对埙进行了大量的探索和实践，在埙的制作、乐曲创作、演奏等方面付出了艰辛的劳动，取得了一些宝贵经验，并在国内外舞台上成功演出，受到了高度赞扬。此外，埙在影视作品中也有所展示，不过大多作为色彩乐器使用。但埙毕竟是小众乐器，加之舞台艺术受众面的局限等诸多因素的影响，这一古老艺术发展缓慢。直到20世纪80年代末，埙对于绝大多数音乐界人士而言仍然是一种很陌生的乐器，社会上知道埙的人更是寥寥无几。

可喜的是，20世纪90年代初，贾平凹先生在听到埙曲《遐想》后产生了强烈共鸣，并激发了他对埙的浓厚兴趣。恰在此时，贾平凹先生正在构思他的长篇小说《废都》，便将埙写入这部小说。1993年，《废都》发表，埙由此受到社会的普遍关注，为大众所知。短短几个月内，当时在西安音乐学院任教的我便收到了几万封来自全国各地的信件，这些信件无一不在表达想了解埙、学习埙的强烈渴望。

随着人们对埙这种古老而神秘的乐器关注度的提高，埙乐艺术受到越来越多人的青睐。这其中有埙乐研究专家、演奏家，也有众多民间爱好者。自《废都》引发埙乐热潮之后，社会上涌现出许多埙乐爱好者，他们对埙乐有着执着的热爱，在埙的制作方面，也进行了潜心研究和实践。他们所做的埙也有较好的基础，但与专业埙乐器有一定区别，还需要进一步接受专业的指导和专业舞台的检验。工艺品埙正在形成日渐壮大的产业市场，其中部分工艺品埙经过不断改良可以吹奏完整曲调，满足了民间爱好者赏玩的基本需求。

在专业领域方面，王其书先生双腔葫芦埙的发明与张荣华先生群体埙的多声部系列化的成功研发，使全新的、专业的埙乐团的组建成为现实。埙在制作、乐曲创作和演奏方面的长足进步，推动了埙的教学、普及,以及专业体系的形成,进而在中西乐器组合方面取得了一定的成果。目前,埙作为专业乐器已经进入高等音乐院校的专业教学领域,并跻身专业音乐活动的主奏乐器行列。总体上看,埙乐艺术的发展正呈现出良好局面。

为了正确引导众多喜爱埙乐的朋友,亦作为对28年前那几万封来信的诚挚回应,我们编撰了这套《中国埙乐文化》丛书。这套丛书编撰历经数年,在这过程中有很多困扰、纠结、为难。埙是一种古老而年轻的乐器,其资料零散细碎,编撰团队从不同渠道搜集、甄别、整理,费尽心力,而有些研究尚在进行当中。受主客观因素影响,埙在理论、制作、乐曲创作、演奏等方面的研究成果恐仍有遗漏。一言以蔽之,时间紧迫、水平有限,书中不尽如人意之处,还望各位同人海涵。

书稿付梓在即,感谢国家出版基金的大力支持,感谢太白文艺出版社编辑团队的辛勤付出,感谢所有为此书提供资料的专家、学者,包括已故的名家前辈,感谢《中国埙乐文化》丛书编委会成员付出的艰辛努力。书中所有由专家本人提供的资料,原则上未做改动。本套丛书只是阶段性成果,若能使广大埙乐爱好者从中受益,我们不胜欣喜。望诸君携手,共同致力于埙乐艺术的繁荣发展。

刘宽忍

2020年5月于西安音乐学院工作室

目 录

曹建国 / 001
    个人小传 / 001
    相关典章 / 004
    活动年表 / 011

曹正 / 012
    个人小传 / 012
    相关典章 / 018
    活动年表 / 027

陈秉义 / 029
    个人小传 / 029
    相关典章 / 036

CONTENTS

陈重 / 044
　　个人小传 / 044
　　相关典章 / 047

戴亚 / 053
　　个人小传 / 053
　　相关典章 / 056

杜次文 / 064
　　个人小传 / 064
　　相关典章 / 067

高明 / 071
　　个人小传 / 071
　　相关典章 / 073
　　活动年表 / 075

黄金成 / 077

    个人小传 / 077

    相关典章 / 079

梁欣 / 082

    个人小传 / 082

    相关典章 / 084

刘凤山 / 088

    个人小传 / 088

    相关典章 / 092

刘宽忍 / 110

    个人小传 / 110

    相关典章 / 113

陆金山 / 133

CONTENTS

　　个人小传 / 133
　　相关典章 / 135
王厚臣 / 138
　　个人小传 / 138
　　相关典章 / 140
　　活动年表 / 147
王其书 / 150
　　个人小传 / 150
　　相关典章 / 154
王铁锤 / 170
　　个人小传 / 170
　　相关典章 / 172
吴浔源 / 176

个人小传 / 176

相关典章 / 177

于连军 / 187

个人小传 / 187

相关典章 / 192

活动年表 / 200

曾格格 / 205

个人小传 / 205

相关典章 / 207

活动年表 / 210

张荣华 / 213

个人小传 / 213

相关典章 / 222

CONTENTS

　　活动年表 / 230

张维良 / 233
　　个人小传 / 233
　　相关典章 / 236
　　活动年表 / 243

张友刚 / 245
　　个人小传 / 245
　　相关典章 / 247

赵良山 / 261
　　个人小传 / 261
　　相关典章 / 264
　　活动年表 / 272

周可奇 / 274

个人小传　/　274

相关典章　/　276

活动年表　/　285

周世斌　/　287

个人小传　/　287

相关典章　/　289

庄本立　/　301

个人小传　/　301

相关典章　/　305

曹建国

个人小传

曹建国,原名曹节,1949年出生于河北昌黎。中共党员,世界艺术论坛终身荣誉理事,中国著名民族管乐表演艺术家,国家一级演奏员,中国电影乐团民族乐团团长,中国笙会会长。

曹建国幼承祖训,1956年开始研习书法,临柳公权帖;1962年入京学习民族管乐,兼修谱曲创作。青年时期,他的音乐作品即已问世,音乐演奏则从舞台走向院校的讲台。他1972年考入中国电影乐团;1988年任中国电影乐团民族乐团团长,成为享受国务院政府特殊津贴专家;1991年赴意大利威尼斯参加世界艺术论坛,当选终身荣誉理事,是中国大陆唯一的代表,为世界顶尖二百名艺术家之一。

随着笙管笛箫埙等民族管乐的逐渐精到,他先后出版了《曹节刻石》《学道》《曹节笙曲汇编》，并录制了《南风音乐作品及演奏专辑》等一系列篆刻、书法及音乐作品，在书法、篆刻、东方美学等方面的造诣也逐渐被世人所瞩目。他多次出国演出、讲学、办展，在国内外举办书法、篆刻、音乐艺术展，在弘扬华夏文化，进行全球性艺术文化交流方面，做出了贡献。

对埙的研制及埙曲的创作与演奏，是曹建国艺术生涯的一个重要组成部分。20世纪70年代末，他投师中国音乐学院教授曹正先生门下，学习埙的制作与演奏。在曹正先生的指点下，经过自己的摸索，曹建国逐渐形成了自己独特的演奏风格和制埙特色。其音乐风格古朴，感情真挚，以埙声诉心声，回归自我，流露灵魂。他创作的埙曲有《伤别离》《幽谷》《寒春》《绵》《黄莺吟》《怀古》《昆韵》《秋夜吟》《客至》等，改编的曲目有《暗香》《苏武牧羊》《小放牛》等。其中，《客至》的灵感来源于唐代诗人杜甫创作的同名律诗，前段写景，后段喻人，表达了知音相交，肝胆相照，伯埙仲篪的感情。1979至1980年，曹建国第一次在电影《古文字》中使用埙配乐。1981年，他为中国旅游出版社录制的《怀古》磁带中收录了他创作并演奏的埙曲《怀古》《昆韵》《秋夜吟》。1986年的维也纳音乐会上，他以一曲《黄莺吟》揭开了中国音乐会的序幕。2004年2月，他又随南京民族乐团在维也纳金色大厅吹奏埙曲《伤别离》。2005年1月1日，他出版了埙经典作品独奏专辑《独白》，曲目包括《幽谷》（埙与琵琶）、《黄莺吟》（埙）、《伯牙悼子期》（埙与古琴）、《绵》（埙与古筝）等十三首。

曹建国不仅继承了曹正先生埙的事业,并使其传播开去,更重要的是继承了曹正先生读书、讲学、练字、修身的治学精神。综观曹建国的艺术生涯,埙的研究及埙曲的创作和演奏占据很大的比重。经他研制的埙,中、低音及俯吹音吹奏轻松,音域可以达到一个八度;经他改编演奏的《龟兹断想》也是埙曲中的一朵奇葩。

2005年11月,曹建国因病逝世。

(王玉、刘豪整理)

埙

曹建国

埙的史料

埙是中国古代的吹奏乐器，八音中属土类，成器年代失考。《世本》有"辛公造埙"之记；《拾遗记》有"庖牺氏灼土为埙"的记载。从出土物件看，浙江河姆渡遗址有一孔埙出土，距今约七千年，是目前所见年代最早的实物。陕西西安半坡、山西万泉荆村、甘肃玉门火烧沟、河南郑州铭功路等遗址都有埙出土，均为陶制，有橄榄形、圆形、鱼形、平底卵形，一、二、三、五孔等多种。记载埙有石、骨为材料制作，但以土为正制。

《周礼·春官》有"小师掌教鼓、鼗、柷、敔、埙、箫、管、弦、歌"的记载。《周语》中"瓦丝尚宫"的"瓦"可能是埙的别称。《诗经·小雅》有"伯氏吹埙，仲氏吹篪"句，伯仲又指兄弟，世以埙指兄弟和睦之意。隋代将埙列为雅器二十器之一。

有的记载还有玄的一面，比如说："平底六孔，水之数也。中虚上锐，火之形也。埙以水火相和而后成器，亦以水火相和而后成声。故大者声合黄钟大吕，小者声合太簇夹钟，要皆中声之和而已。"颇有神秘感。

又一说埙是狩猎用具（招鸟）。

唐郑希稷有一《埙赋》，我喜欢他说："广才连寸，长匪盈把。虚中而厚外，圆上而锐下。器是自周，声无旁假。为形也则小，取类也则大。感和平之气，积满于中。见理化之音，激扬于外。迩而不逼，远而不背。观其正五声，调六律，刚柔必中，清浊靡失。将金石以同功，岂笙竽而取匹？"写得非常好。对埙的演奏、声音都做了切合的描述。

丰富的出土物件和纷杂的记载告诉我们两点：一是埙的历史久远，而且在中国音乐发展史上有非常重要的地位。二是埙的锐上平底造型，以及音孔数是经数千年不断变化的。

埙因为是土类，所以声音非常浑穆、古朴。比起其他乐器，它的声音最为简淡。

埙的现代发展情况

《大清会典》有六孔埙音位图，并注："此器极难取音，急不鸣，缓不洪。仰口戾唇，徐嘘有力，方得正声。是在审音者裁制耳。"而且标有"只可随乐器之传声，不能如箫笛之独奏"等语。

光绪十四年（1888）有吴浔源用昆曲曲牌、琴曲、佛曲编埙谱十二首，民国十年（1921）有此书刊行，后来未见其他资料。古埙失传，没人演奏。究其失传原因，主要是乐器声音太小，俗乐波靡，乐器非声遏行云则无人聆受。

现当代埙的再次起用，首先应感激曹正、陈重二位教授，这二位前辈一直从事音乐教育工作，但没有放弃对埙的研究。20世纪30年

代，曹正先生曾自制并演奏过陶埙，后又广招门徒，使此器不失传。

我接触埙，在十几年前。当时和团里几位同人研究搞一些古典乐曲，我一直从事笙、管子、唢呐演奏。大家建议搞古典乐曲应掌握埙，我即投师曹正先生。先生教我用泥制埙，我即在自家大炉中烧制，解决了石开裂及音高等问题。第一次在电影《古文字》（张福全作曲）中使用埙配乐，录制后，大受赞扬。古文字学家康殷先生认为：埙的声音与"古文字"主意吻合。美国一家报纸还专门介绍了这部电影的音乐。紧接着我又为中国旅游出版社录制《怀古》磁带，用埙吹奏《怀古》《昆韵》《秋夜吟》三首乐曲，系乐器刚烧成，没有任何资料。所谓师心本初，探奥旷古之作，以后又录制了《黄莺吟》《伤别离》《幽谷》《绵》民族系列磁带一起出版。

1986年维也纳音乐会，我演奏《黄莺吟》一曲，《光明报》评介："几千束目光都集中到中国人手中一件鸭梨大的陶土乐器——埙上。全场静得连一根针掉在地上也会听得清清楚楚。一曲古朴优雅之埙独奏曲揭开中国音乐会序幕。"

近年从事埙研究、演奏的同道越来越多。埙的种类也逐渐丰富，七孔、八孔、九孔、十孔埙都有，还有改制鸳鸯埙（二埙连体）、甘肃牛头埙等种类，这是件可喜的事情。比较熟悉的演奏家有赵良山、杜次文、方浦东、陈重等，有的还尝试着和西洋乐队、电声乐队合作。

埙在近年大受现代人青睐的原因，我认为主要是现代人生活节奏加快，精神要调整。人的物质资源越丰富越产生强烈的返璞意识，埙的浑穆、古雅，给人非常鲜明的古朴之感。有的电影电视中埙的使用情调和情节并不吻合，埙的音量小，音色偏沉，它作为乐器表现力应不是很丰富。因此对埙的使用要慎重，不可滥用。

如何使艺术发挥积极作用？中国很早就提出"乐以治心"的观念，是注重艺术社会功能的礼乐之邦。东方艺术以空灵淡雅为上乘，天籁是最清新的风，对陶冶性情、安详神态有不可估量的功效。而埙这一中国文化瑰宝，和且平回，简淡幽闲，浑朴天成。有抒怀之慨无凌竞之气，绝非绮靡之音、嘈杂纷乱之俗乐可匹。而且乐器简单，不用配件，携带方便，大可推广普及。在花开酒熟之时，夜静月明之际，发思古之幽情，抒散闲之情怀，岂不美哉！

我们都有一种责任，发扬祖国文化传统，振奋民族自信心，并应有信心用我们的好的文化影响整个世界，使世界人民了解我们的文化内涵，而不光是猎奇或新鲜感。这是一件有意义的事情。

原载于《乐器》，2000年第5期

吹埙的人（节选）
——记世界艺术论坛理事、民乐演奏家曹节

邹鸿君

"会、好、精、绝、化"是我笃信的五字要诀。

会，指入门要心领神会；好，指功力深厚；精，指研究要细微

且全面；绝，指悟性要有独到之处；化，即融会贯通、随心所欲地表达。我认为艺术的最高境界是自身才智与五字要诀的自然凝聚和爆发，而不是单一的外在流露……

我之所以付出这一切努力，就是要追求一点——找到中华民族文化的根。我始终不渝地坚信，中国文化艺术不比任何一个发达国家的逊色！

——题记（曹节）

一、他靠古埙征服了世界乐坛

时间：1989年4月11日傍晚。

地点：奥地利首都维也纳——优美的华尔兹圆舞曲故乡，《蓝色的多瑙河》等许多著名古典音乐作品诞生地，被称誉为"世界音乐之都"的豪华分离派礼堂内。

今天，这里将举行一场别开生面、规模庞大的东方民族音乐会！

此时的分离派礼堂内座无虚席，帷幕刚刚拉开，客厅的公务员、酒吧小姐也被吸引来。过道走廊挤满了人。他们都在屏声敛息地聆听，聆听这从未见过从未听过——从舞台演奏者手中那鸭梨状的陶土烧制乐器中发出的旋律，仿佛这旋律蕴藏一种神奇的魅力，如泣如诉，如怨如慕，如歌如舞。

一曲终了，观众报以热烈的掌声。不等演奏者下场，许多记者便举起话筒开始了采访。当得知演奏者是来自中国的曹节，乐器古埙是用陶土自己烧制，曲名为《黄莺吟》时，一位台湾记者竟忍不住热泪盈眶，紧紧握住曹节的双手，激动地说："谢谢您！您不愧为中华民族豪杰，您为我们中华民族的艺术赢得了声誉啊！"

德高望重的印度老艺术家阿里也赞叹道："中国能有如此精湛的音乐演奏家，这是我们东方艺术界的骄傲。"

就这样，曹节用一只自制的、中国特有的古埙叩开了世界艺术宫殿的大门！

原载于《国际人才交流》，1993 年第 12 期

笙管箫埙寻墨迹　真草隶篆听音律（节选）
——缅怀民族管乐表演艺术家曹建国先生

胡亮

曹建国先生将自己的一生献给了中国传统艺术事业，使他在文化艺术界赢得了颇高的评价。资深电视人时间曾这样说："中国学者素来有三类，一求理而力行，二求用而显名，三求华而附雅。曹建国应属第一类。很少有人能像他那样博学而通达，很少有人能像他那样以浅近的语言阐释古人深邃的思想，并能以诸多的艺术手段表达出这些思想。"一代学术巨匠费孝通先生、中国作协书记处书记翟泰丰先生，都对曹建国先生做出过很高的评价。曹先生在国外的影响也是非常大。如日本日立市市长饭山利雄应中国文化部之邀做交流访问时，为他的技艺深深倾倒，力邀他在日本举办了音乐会

和书法展,参展的不少作品,被当地的乡土博物馆收藏,也就是从那时起,曹建国书法展开始在日本常年设立。

作为一名艺术家,曹建国先生在生活中却十分低调,待人和气、朴实,无论是随团演出、录音还是讲学,始终给人的都是一种内心平和宁静的印象。他平时喜欢穿着布衣,在北京居住多年,有的时候在城区还会迷路。出国演出的时候,为了防止走失,他准备了许多小字条,正面英文,反面中文,使人感觉他还是个大孩子。有的家庭条件不好的孩子去他那上课,他不但分文不取,而且还让孩子留下来吃饭,并给零钱坐公交车。也许正是这一个个的生活细节,使我们充分感受到了先生的一颗平常心。

曹建国先生在音乐上除了作为笙演奏的重要代表人物,在埙、唢呐、箫的开发和演奏上也取得了不俗的成绩,并在民族器乐作曲上颇有建树。书法上他得到名家张重梅先生指点,经过多年的苦修,书法功底日益深厚,下笔收放自如,自成一家。篆刻上也已形成了自己独特的艺术个性。先生这一生,是与中国传统艺术形影不离的一生。即使是在病榻上备受折磨的时候,他还一直惦记着刚刚筹建的中国民族管弦乐协会笙协会的各项工作,惦记着他的书法、篆刻作品展览和他的美学专著……

回忆先生,哀悼之外倍感崇敬,作为一名集大成的学者,他的艺术成功之路值得我们学习,他以浑然天成的大家气派,让中国的传统艺术有了更多的知音。如今,斯人已去,但先生的精神,必定在后学中得以继承和发扬。

原载于《人民音乐·评论》,2010 年第 4 期

活动年表

1962 年，随父入京学习管乐。

1972 年，考入中国电影乐团。

20 世纪 70 年代末，投师曹正先生，学习埙的制作与演奏。

1979 年至 1980 年，第一次在电影《古文字》中使用埙配乐。

1981 年，为中国旅游出版社录制《怀古》磁带，收录其创作并演奏的埙曲《怀古》《昆韵》《秋夜吟》。

1986 年，在维也纳音乐会上，吹奏埙曲《黄莺吟》。

1988 年，任中国电影乐团民族乐团团长。

1991 年，赴威尼斯参加世界艺术论坛，当选终身荣誉理事。

2004 年 2 月，随南京民族乐团在维也纳金色大厅吹奏埙曲《伤别离》。

2005 年，发表专辑《独白》。

曹正

个人小传

曹正，原名郭成学，字缉光，1920年12月31日出生于辽宁新民，祖籍河北昌黎。中国埙、古筝艺术的开拓者和奠基人，中国音乐学院教授。

曹正九岁上小学，十六岁高年级小学毕业，1936年由姑父资助到北平求学，同时在慈善团体"道德学社"中帮忙做些抄写工作。他白天工作，晚上的时间用来看书、练字、写日记。

其间，曹正遇古筝名家娄树华，并拜其为师学习古筝，这开启了他的音乐生涯。也是在这一时期，曹正在北平第一次见到了埙。

曹正从20世纪40年代开始对埙进行探究和研制。当时，他回到河北昌黎教小学，学校附近有个瓦盆窑，他常常带着学生到海边的沙滩上挖胶泥，并教学生用胶泥做埙、笔筒和其他小东西，然后拿到窑上烧制。他利用假期到北平查找资料，经过不断尝试，终于在 1943 年至 1944 年间试制成功七孔仿古陶埙。

曹正探索制埙工艺

1947 年,曹正与范乐天(曾任美国中国音乐学院院长)等人在徐州共同发起创办了"薰风筝社",并于同年 11 月举办近代史上第一个正式的古筝独奏音乐会。他借鉴古琴指法,设计了筝演奏指法符号,并将工尺谱译成简谱和五线谱教学,对筝曲的传播做出了突出的贡献。1948 年春,经程午嘉介绍,曹正到南京国立音乐院任古筝教员(当时国乐组中还有杨荫浏、储师竹、曹安和、刘北茂、陈振铎、程午嘉、夏一峰),第一次把古筝这件乐器由民间带到高等音乐学府,开创了中国筝史的新纪元。

同年,上海电台播放了曹正创作并吹奏的埙曲《堤边柳》。年底,淮海战役打响后,二十八岁的曹正奔赴苏北解放区,并将原名郭成学改为"曹正"("朝正"的谐音),以示自己奔赴正确方向的追求和决心。1949 年元旦,曹正来到皖北农村文工团任组长兼古筝演奏员。1950年,他从合肥调至沈阳的东北鲁迅艺术学院,首次开设古筝专业。1952年,曹正任沈阳东北音乐专科学校学科主任及沈阳音乐学院附中校长、沈阳市政协委员。1964年秋,中国音乐学院在北京成立,曹正应邀至该院从事古筝教学与研究工作。

前排从左向右:曹安和、洋璞轩(二胡)、方炳云(琵琶、古琴)、
尹鉴(古筝)、夏一峰
后排从左向右:程午嘉、陈振铎、储师竹、杨萌浏、刘北茂、曹正

20世纪60年代以来,他先后在《音乐生活》《音乐研究》《辽宁日报》等报刊上发表了《关于〈高山流水〉的说明》《关于〈渔舟唱晚〉的介绍》《诗人和女筝手》《工尺谱的来历》《民乐标题介绍》《谈筝的技术及其革新》等论文;在发表的论文《关于二四谱和二四谱与工尺谱关系的探讨》中,论证了工尺谱(管色谱)是来源于箫,二四谱(弦索谱)是来源于筝。

20世纪60年代末,曹正研制成功体积较大的九孔陶埙,一经研制成功便传入美国。1979年他被评为副教授,1981年被评为教授。

中国音乐学院器乐系 1985 届毕业生合影

古筝教学及社会活动日益繁忙，但曹正从未间断过对埙的研制和改革。从 1980 年开始，他每天都制埙。他不断对埙进行研制和探究，积累了丰富的经验，并开始使用模具、印章和编号，使制埙工艺上了一个新台阶。

当时，曹正烧制的埙已传入美国、意大利、英国、澳大利亚、日本等国及中国台湾地区，并参加了在多伦多举办的中国古代艺术品展览会。1981 年至 1982 年，邱大成（第一个古筝专业研究生）与王明君（中国音乐学院竹笛专业学生）在电台演奏了曹正改编的

埙与古筝二重奏《水龙吟》《高山流水》，《水龙吟》原是由词改编而成的古筝曲子。

曹正经常把自己烧制的埙赠送给同事和学生。由于他的积极推广和他在古筝界的影响力与号召力，他制埙的消息逐渐传开了。特别是1982年他的《埙和埙的制作工艺》一文发表以后，国内反响强烈，北京及外地的文艺工作者纷纷登门求教和索要埙，有的吃住都在他家里，一住就是几天。

曹正热情地接待了从四面八方赶来的造访者。他当场演示，无偿地传授制埙技术，提供相关资料。

曹正在上海音乐学院讲学留影
从左至右：成公亮、曹正、项斯华、范上娥

1983年2月5日，《北京日报》刊登了冯德珍的《曹正与古老乐器埙》一文。1984年，曹正成功研制出十孔陶埙。20世纪80年代以来，曹正在《中国音乐》《音乐研究》《乐器》《联合音乐》《乐府新声》等音乐刊物上发表了《埙和埙的制作工艺》《埙和埙的制作工艺·续》《关于古筝历史的探讨》《介绍筝和几首筝曲》，以及散见于报刊的数十篇专题论文，还撰写了《古筝知识》《筝曲解说》《古谱读法》《筝曲选集》《古筝书谱·序·跋集》《古筝教材座谈会辑要》等。此外，他还开始对周易哲学的深入研究，发表了论文《〈周易〉和中国音乐的若干问题》。

为了弘扬陶埙艺术，曹正一生广收门徒，其中有曹建国（中国电影乐团民族乐团）、陆金山（天津音乐学院）、王其书（四川音乐学院）、李大中（不详）、薛淳（不详）、孔庆山（沈阳音乐学院）、徐世隆（沈阳音乐学院）、陈秉义（沈阳音乐学院）、张友刚（北京歌舞团）等。

曹正对传统音乐文化具有强烈的历史责任感，经过他呕心沥血的研制，埙才能在当代得以复鸣。他一直致力于埙的弘扬与推广，在近现代埙的发展道路上做出了不可磨灭的贡献，是埙及埙乐发展的开拓者、奠基人。鉴于曹正对埙做出的贡献，文化部在1990年左右拨专款一千元作为基金，用于发扬、推广埙的艺术。但曹正一直没用，这笔钱至今仍留在中国音乐学院财务处的账上。

1998年4月，曹正在北京逝世。

（王玉、刘豪 整理）

埙和埙的制作工艺

曹正

一、埙

关于埙,历史上有两种说法:一是庖牺氏灼土为埙(史前历史传说);二是周平王时代的诸侯暴辛公做埙。埙或作"壎",这是文献的记载。如依据对近代陕西半坡村出土实物的鉴定,它已有六七千年的历史了。

埙是由古代人(渔猎时代)用于诱捕禽鸟的辅助生产工具(用陶土制成模拟禽鸟声音)逐渐演变发展而来的。因为埙是用黏土烧制而成的,按照我国古代的乐器分类方法,它属于土类乐器。

埙,本来没有定制,从形状、大小、音域等方面看是多种多样的(以近代出土的埙为据)。当它进入乐器的行列之后,才逐渐形成了比较固定的形式,这就是"上锐底平,形状如秤锤的样子"。我国古代的音乐,有雅乐、颂乐之分,根据这两种音乐的需要,埙也有了雅、颂之别。雅埙声音浑厚低沉,形体较大,所以说"状如鹅蛋";而颂埙声音高于雅埙,体积较小,故曰"状如鸡蛋"(一说"状如雁卵")。这都是从外形上说的。古代的埙在体积方面也有比较概括的记录,一般说是:围五寸半,长三寸半(或作一寸半)。

根据这个尺寸，可以肯定它指的是状如鹅蛋的"雅埙"，而不是形如鸡蛋的"颂埙"。

古埙（无论雅埙或颂埙）的音域，差不多都是在一个八度以内，用特殊的技法可以吹出低于筒音的二三个音来。近代出土文物中有各式各样的埙，音孔多少，形制大小，均不一致。其中前面开四孔、后面开二孔、顶上设吹孔（或称吹口）的叫作六孔埙，或称七孔埙（连吹孔在内的叫法）。

埙是以封闭所有音孔吹出来的筒音来定调的。筒音是 sol 者为 G 调埙，民间亦称"正宫调埙"。筒音是 re 者为 D 调埙，民间习惯叫"小工调埙"。埙以开放音孔的多少决定音高和音阶，每多开放一孔，便高一个音（不完全按音程关系计）。如 G 调六孔埙筒音为 sol，开一个孔发 la 音，开两个孔发 si 音，开三个孔发 do 音，开四个孔发 re 音，开五个孔发 mi 音，全开（六孔）发 fa 音。其他调埙开闭取音同此。

埙发音的高低与吹孔、音孔的大小和内膛空气的容积有直接关系。一只内膛高 8 厘米、直径 5 厘米（估计的数字），吹孔直径 1.2 厘米、音孔直径（为吹孔三分之一）0.4 厘米的埙，它所发出的音就是自然的七声音阶。埙接受了吹进去的气流之后，在内壁里由上而下、从前向后持续不断地使氤氲之气充满其中，从而发出圆润浑厚之声来。埙与箫笛的不同之处就在于此。故而我们以"积音乐器"看待它。古代器乐分类将埙列为八音之一，以质论，属土乐器。近代人则将其列入"中国特殊乐器类"，显而易见，是作为历史乐器

看待了。在殷商时期它是和篪合乐之用,《诗经》里有"伯氏吹埙,仲氏吹篪"的诗句。那时的音乐在音域要求上并不很宽。篪发九音,埙奏七声,都是属中声部乐器。所以,以后把它列入"中和韶乐"之中。随着时代演进、丝竹管弦之乐(尤其是擦弦乐器)的发展,突破了器制方面的音域局限,其时埙只能作为特殊效果的乐器来使用了。在近代,能见到的只有琴埙合乐,而在古代作为兄弟之谊的埙篪合奏则是罕有见闻了。以清代乐制而论,埙在宫廷"中和韶乐"中,所用的乐谱和篪、排箫一样,都是洞箫谱(据《律吕正义》)。这就是说,埙之为器并无专谱。至清末才有吴浔源仿照元代熊朋来《瑟谱》的"律吕谱",并依古琴减字谱的办法编纂了一本《棠湖埙谱》问世。当然,这不过是厚古薄今的杜撰产物罢了。

二、埙的制作工艺

制埙的技术,并没有什么神秘可言。试想,上古时代的人,在海滨河畔(渔猎的地方)以至洞穴深处(住的地方),随时随地都可以就地取材弄到黏土,也可以模仿各种物体形象用黏土捏制成一种比较粗糙的器物(容器之类)。这就是《周易》上所说"近取诸身,远取诸物"的意思。古人利用泥巴制成各种形状的容器,如震仰"盂",艮覆"碗"等,并把"缶"首先作为敲击的乐器使用。庄周"鼓盆(盆即是缶)而歌";秦"王为赵王击缶"。由于缶为日常生活用具,人们司空见惯了,并因有很多坚实牢固的器物可以取代它,所以后来被逐渐分离出乐器行列。埙则不然,它具有乐器的独立性格和独特的形制,虽因音域狭窄、跟不上音乐艺术发展的要求而让位给后世更为先进的乐器，但总还不失为我国古代文化艺术上曾经放射过光辉的珍品。因埙状如鹅蛋或鸡蛋，且顶上开孔不大，一般人便认为难于制作；尤其是音孔的开设，更是使人煞费周折；加之文献资料的"语焉不详"，以及后世制埙者以律准和"故弄玄虚"的说教，就更使人感到莫名其妙和难于动手制作了。古代的生产技术水平，是无法与现代相比的，古人尚且能制作出来，对我们来说当然也就不成什么问题了。在农村，哪一个孩童没有玩过"摔泥斗"或用黏土做一些玩意儿？那么，捏做成一个空壳的泥蛋，又有何难哉？我就是在这样的思想指导下，从20世纪30年代末开始试制仿古陶埙的，在实践过程中积累了如下的制作经验。

（一）选土

黏土，到处都有，是取之不尽、用之不竭的制埙原料，但是土质的好坏，必须讲究。制埙的土要求纯，不带砂石杂质。黏性强的黄土、红土或黑土均可选用。对于杂质较多的土，则须经过过滤制成"澄浆泥"才好用。黏土的特征是呈颗粒状，瓦陶工人称之为"立茬土"。这种土多埋藏在较深的地层。滨海地区的黏土含盐、碱、硝的成分较多，黏性更大而其他杂质更少些，所以是制造陶埙的理想原料。另外，黄土高原一带深土层的黏土，和滨海地区的黏土的质量相近似。对于居住在城市里的人来说，要想搞到理想的制埙原料是不太容易的，但是也有办法，如果发现某一建筑工程挖地基时出现了黏土，可收集一些储存起来，以备择时制埙之用。

（二）和泥

先将干燥的黄土块砸成粉状，然后掺水像和面一样反复擩揉。和泥时要水土适量，不可水多于土。擩揉中如果发现有小石子或其他杂物，一定要清除掉，因为任何杂物都会使埙坯爆裂。泥和好之后，做成长方体并用湿布包裹起来，以备使用。手工制作埙坯子，要经过捏坯、整形、打孔、磨光等五六道工序，并且每道工序都有严格的时间限制，所以，一次制坯不宜过多。一般来说，一次四枚能比较从容地完成。

（三）制埙坯

埙坯的壁厚以 0.5 到 0.6 厘米为宜，过厚不但声音闷，且分量重、体积大；过薄则声音细脆，如吹砂壶声，有失古韵。

制埙坯有两种方法：

1. 把泥分成大小均等的四块，先把第一块揉成圆饼状，从底部沿四周向上捏弄（要注意厚薄均匀），提到顶部时，收口封闭起来，使之成为一个空壳埙体。这时埙坯的形状尚不规整，表面也凹凸不平，需要用手沾水抹光找平。接下去依样控制第二、第三、第四枚。

2. 先制一个实心的埙形泥蛋，待彻底阴干后，用它作为埙模。制埙时，也是将和好的泥分成大小均等的四块，揉成圆饼状，通过捏弄把埙模包在里面，并用手掌将其拍打匀称。接下去从坯的顶端正中用刀片由上向两侧下方划到约四分之三处（留四分之一连接着），将坯沿切缝分开，取出埙模后再对合起来。对合时要用水湿润一下切口边缘，对合后用刀尖沿切缝刮出一条三角形浅沟，再用湿度较大的泥条填封起来，并用手沾水打磨光滑。这种用埙模制埙的优点是形状规整一致，壁厚比较均匀。

制埙坯所用的模型，最好准备两至三枚交换着使用。这是因为用湿度较大的泥巴包的时间过长了，模型便容易和埙坯黏合在一起，不易脱模。顺便提一下，制模型要注意干燥缩水问题。例如，制成的直径为70厘米、体高90厘米的湿泥模型，待干后约收缩至直径56厘米、体高72厘米。此外，制成的埙坯也同样存在干缩的问题，这也是制作时必须注意的问题。模型是控制陶埙内膛形状大小的依据，所以表面一定要光滑平整，不能凹凸不平，每次用过之后要注意及时干燥，并用砂纸打磨一番才好。

（四）开吹孔和初整形

经过水磨的埙坯，几个小时之后，待表面不粘手时，就可以进行下道工序了。

1. 开吹孔

先用木板（玻璃、化学板亦可）将埙坯顶端压平，再用铁钉（较小的）在压平的顶部扎一小孔，最后用较粗的管状物（如自来水笔管）进一步开成吹孔。

2. 初整形

左手握埙坯并使其在手中不断旋转，右手执长条平板从埙的顶端（近吹孔的周围）到底边轻轻拍打，以使埙体表面更加平整。这道工序是从顶端开始，到底部为止，要耐心细致地完成。在平整近底部时，应注意底径与腰围粗细相称，并使底边棱角清晰，看起来

古朴，雅致，美观。

（五）开音孔和进一步整形

再经过数小时后，埙坯的含水量再度下降，这时便可以进行开凿音孔的工作了。关于孔位的安排，本没有固定标准，乃是以双手按放方便为原则。清制六孔埙，是顶上设吹孔，前面开四个音孔，左右上下参差排列，用左右手食、中指按孔；后面开两个音孔，用左右手大拇指抵按之。开音孔前，先试吹一下胴音（基调本音），作为开音孔的根据。试吹时，须将手指分布恰当，以定孔位，同时用各指尖轻轻在埙坯上掐一痕迹，以作开孔的标记，然后选用比吹孔小约三分之二的铁钉按指痕——扎透，形成音孔。

（六）打光和整孔

随着水分的蒸发，这时埙坯的硬度逐渐增大，接着便可在厚玻璃板上滚压打光。埙坯在玻璃板上滚动的次数越多，表面越平整光滑，最后可以达到光洁鉴人的程度（一经烧制，光亮就消逝）。打光时，以左手中指抵住吹孔，大拇指置于埙底中间，让大、中两指起到一种轴承的作用，同时用右手食、中、无名三指轻抚埙的腰部，从左向右拨动埙体（由上到下进行）。待腰部滚压平整光滑后，再依同样的方法处理吹孔的边缘部位（用力要轻些，防止压毁吹孔）及近底面的部位，最后再将各部位连接处滚动找平。

埙体经过滚压，虽然能使表面更加平整光滑，但同时也会引起吹孔和音孔缩小或变形，这就需要进一步审音和修整孔径。修整的方法和前述的开孔方法一样，用粗细适当的铁钉及管状物扎通即可，只是要注意边吹边听，以确定胴音和音孔的音阶关系。此外，在修吹孔时，须将距吹孔0.3厘米处的内壁剜去一些，这样处理有利于埙的发音。至此，仅仅是初步完成了调音工作，待埙坯彻底干燥之后，发音还要有很大的变化，仍须做进一步修整和调理。

（七）烧制前的准备工作

1.埙在制作过程中（特别是钻孔时），常常会把一些捅掉的泥疙瘩留在内膛里，烧制前须将它们由吹孔倒出或拨出来。

2.进行底面的整形。如果埙坯还没有十分干透，可用刀将埙底面刮平，如果已经干透了，则可用细砂纸磨平。

3.如果须加作者印记，一定要在埙七八成干的时候进行。印痕不可过深（0.1到0.2厘米为宜），以免伤毁埙底。

4.虽然在制埙之初，就开设了当时认为理想的吹孔和音孔，但由于技术上所造成的种种问题（如壁厚不均匀等）以及干燥过程的变形，仍可能引起个别的音不准（偏低的为多）。对于偏低的音孔，可以用加大孔径的办法使之提高。操作时，用锥形细锉将此音孔开大一些，以耳审音。如果胴音低于孔音时（即每开一孔都比本调音高些），就要用弧形锉修整吹孔正面（开四个孔的一面）接受口风的部位（内壁），要边修边试听，直到音准了为止。

（八）烧制

如果条件许可，送到窑上烧制是最为理想了，因为在陶窑中烧制出的埙不但色泽匀称，而且不易破裂。如无以上条件，就需要自力更生用土办法烧制。在农村，可以利用灶坑余火烧制：将干透了的埙坯埋进灶膛里刚烧剩下的灰火之中，待灰火完全变成灰烬时，陶埙也就烧制成功了。亦可利用蜂窝煤炉（特别是简易的蜂窝煤炉）烧制，大者一次只能烧一枚，小者可烧二三枚。用蜂窝煤炉烧制时，一定要注意火候的控制，否则会发生爆裂，使前功尽弃。

烧制时的注意事项：

1.要求埙坯绝对干燥，否则一经接触火焰，便会爆裂。

2.入炉前，先将已干燥的埙坯放置在炉台上预热一下，待热到炙手的程度，用小眼"火盖"把炉火封闭起来，并将埙坯移置"火盖"上面，继续加热；同时将炉内蜂窝煤戳下去一截，留出空膛来，准备将更为炙热的埙坯移入炉中烧制。

3.入炉时，要注意使炉火适当降温，以防埙坯爆裂。埙坯入炉后，要加盖小眼"火盖"，并关闭炉门，半小时以后，打开炉门，揭开"火盖"，使温度升高；经约一小时后，再加"火盖"降温，最后打开炉盖把埙坯翻转过来，继续烧制，待埙坯通红透明，便算是烧制成功了。

4.为了防止因温度骤降而发生埙体爆裂，从炉中取出时亦不可操之过急。埙烧成后，应先用封闭炉门、加盖小眼"火盖"的办法降低炉内温度；经一段时间之后，再把埙从炉膛内取出并置于小眼"火盖"之上（大炉盖的里面）；再经过一段时间，方宜彻底出炉，于常温下慢慢冷却。至此，一枚完好无疵的埙，才算真正制成。

原载于《乐器》，1982年第4、5期

活动年表

20世纪40年代，开始对埙进行探讨和研制。

1943年至1944年，试制成功七孔仿古陶埙。

1945年，到江苏徐州教书，并开始从事古筝业余教学活动。

1947年，与范乐天等人在徐州共同发起创办了"薰风筝社"，11月举办近代史上第一场正式的古筝独奏音乐会。

1948年春，到南京国立音乐院任古筝教员。

1949年元旦，任安徽皖北农村文工团组长兼古筝演奏员。

1950年，到东北鲁迅艺术学院任教。

1952年，任沈阳东北音乐专科学校学科主任及沈阳音乐学院附中校长、沈阳市政协委员；与朱郁之合作，编创筝、胡琴二重奏《渔舟唱晚》，获得辽宁省音乐创作一等奖。

1961年，在西安主持召开全国音乐院校古筝教材座谈会。

1964年秋，应邀至中国音乐学院从事古筝教学与研究工作。

20世纪60年代末，研制成功体积略大的九孔陶埙。

1980年，发起成立北京古筝研究会。

1981年，应邀出席在香港举办的亚洲音乐节。

1982年，开始进行增加埙孔、扩展音域的试验，并发表文章《埙和埙的制作工艺》，标志着现代制埙工艺早期的探索。

1983年，提出筝乐教育要"从娃娃们抓起"的理论并付诸行动，从此使全国掀起学筝热潮。

1984年，研制成功十孔陶埙。

1985年，受邀赴美国，在马里兰大学东亚音乐中心讲学。

1986年，在扬州主持首届中国古筝技术交流会。

1988年，在"龙年音乐周"闭幕式上带领老、中、少、幼七十人齐奏筝曲《渔舟唱晚》。

1990年，以北京古筝研究会的名义与台北琴韵筝声总社在北京联合举办音乐会。

1991年7月，协同辽宁朝阳市举办并主持中国古筝传统筝曲交流研讨会。

1994年秋，在学生王世璜（现北京市古筝研究学会会长）的陪同下到扬州师范大学讲学，介绍埙的发展历史、意义，以及自己对埙的研究和制埙的工艺流程；并到扬州乐器厂，教授制埙工艺。

陈秉义

个人小传

陈秉义，1952年6月18日出生于辽宁丹东。中国音乐家协会会员，中国教育学会音乐教育专业委员会常务理事，中国音乐史学会理事，辽宁高校摄影学会副会长，辽宁省学校艺术教育委员会委员，辽宁省教育厅基础教育咨询决策委员会委员，沈阳市摄影家协会理事，沈阳音乐学院音乐教育系主任、教授，中国音乐史研究方向、音乐教育理论与实践研究方向、东北古代音乐文化研究方向硕士研究生导师。

陈秉义1974年考入沈阳音乐学院民乐系，1977年毕业后留校；1980年考入辽宁大学历史系学习历史学，1984年毕业。

1983年，时逢沈阳音乐学院四十五周年校庆，中国音乐学院教授、著名的古筝艺术家、音乐教育家曹正先生回母校参加校庆期间，陈秉义得到曹正先生的亲传,开始制埙和研究埙。

1990年,陈秉义得到曹正老师赠给他的两枚自己制作的埙,一枚是九孔平底梨形埙,一枚是倒吹狗头埙。

1990年曹正先生所赠九孔平底梨形埙和九孔倒吹狗头埙

之后,为中国古代音乐史教学需要,陈秉义对已经出土的部分古埙进行了仿制,收到了很好的教学效果。

陈秉义仿制的兴隆洼遗址石埙和河姆渡遗址埙

陈秉义仿制的火烧沟遗址鱼形埙　陈秉义仿制的安阳侯家庄1001号墓骨制埙和商代"瓶子埙"

陈秉义还撰写了《古埙艺术》和《中国古埙八千年历史钩沉》两部专门研究埙的历史的专著。《古埙艺术》一书在他 2002 年赴美国的十一所大学访问和讲学期间，被赠送给哈佛大学、芝加哥西北大学、印第安纳州立大学等校图书馆。他所制的埙被作为礼物赠送给美国、英国、法国、德国、意大利、奥地利、日本等国家和中国香港、台湾地区；特别是赠送给国内音乐学院和师范大学中国音乐史老师的埙，在中国音乐史课堂上发挥了作用。

2002 年 10 月到美国访问讲学期间，陈秉义向哈佛大学音乐学院图书馆赠送《古埙艺术》一书

2002 年 10 月到美国访问讲学期间，陈秉义在西北大学校长家为校长吹奏中国埙

2003 年，陈秉义开始在指导的硕士研究生课堂上教学生捏制陶埙，没有工作间，就在办公室的茶几上捏制。

陈秉义在中国音乐史课堂上讲埙

2004年,陈秉义所教授的中国音乐史课程被评为辽宁省精品课。2006年,他被评为辽宁省教学名师。

2006年,沈阳音乐学院建立了一个民族乐器陈列室,当时的图书馆馆长希望能将陈秉义制作的埙在陈列室中摆放供大家参观。陈秉义挑选了三十五枚不同样式、材质的埙放到了陈列室中,并于2016年6月无偿赠送给了沈阳音乐学院民族乐器陈列室。

陈秉义向沈阳音乐学院民族乐器
陈列室赠送三十五枚埙仪式

2012年10月,中国音乐史学会第十二届学术年会在沈阳音乐学院举办。此前,陈秉义在沈阳音乐学院举办了"陈秉义书法、篆刻、陶埙和摄影展",用独特的方式欢迎来自全国的中国音乐史同行。书法、篆刻、埙和摄影作品每种都是六十幅(枚)。六十枚埙中有陈秉义为教学仿制的河姆渡、半坡、火烧沟、商代的埙和研制的各种埙。

2012年举办的"陈秉义书法、篆刻、陶埙和摄影展"一角

从 2015 年开始,陈秉义在为沈阳音乐学院硕士研究生开设的中国古代音乐文化课中教研究生制埙,每次约四十人。他是在没有任何设备、场地的情况下来教学生制埙的。陈秉义认为,让学生通过这样的条件来感受史前人类在创造"物"时的心理,是一种最佳的做法。

2018 年 6 月,陈秉义到温州大学音乐学院讲学并带领学生当场捏制了陶埙。

2018 年 10 月,陈秉义到广州华南师范大学音乐学院为学生讲埙,教学生制埙,所使用的也是捏制方法。

2018年10月，陈秉义在华南师范大学音乐学院讲埙、制埙后与青年教师和研究生们的合影

2018年10月，华南师范大学学生在陈秉义教授的课堂上当场制作的埙

2018年，陈秉义在考察辽宁朝阳德辅博物馆时发现了两枚史前兴隆洼遗址的石埙，并对这两枚石埙进行了具体的测音和试吹，得出二孔石器是石埙、三孔石器是石流星的结论，证明了埙起源于石流星的论断是正确的，把埙的历史推到了八千年前。他所撰写的论文《对辽宁朝阳德辅博物馆藏史前石埙考察的一点认识——兼谈火

烧沟和红山埙》作为参会论文参加了"乐图文深度对话——中国艺术学理论学会第二届艺术史研讨会暨中国音乐图像学会第五次学术年会",并在 2018 年第 4 期《沈阳音乐学院学报》上发表。

2018 年 8 月,陈秉义考察辽宁朝阳德辅博物馆对兴隆洼遗址石埙所做的结论是左为石埙,右为石流星

陈秉义主要研究史前和商代埙,从 2003 年开始学习制埙,他所制的埙基本上是以商代埙为基础,几乎所有的埙均刻有兽纹,这也是他制埙的特点。

陈秉义所制八孔、九孔橄榄形兽纹埙

陈秉义出版的著作主要有《古埙艺术》《中国音乐通史概述》《中国古代契丹—辽音乐史料图文集》《中国古代契丹—辽音乐文化考察与研究》《中国古埙八千年历史钩沉》等十余部。此外,他还撰写了论文《〈高山流水〉音乐审美意识点凸》《论中国古琴音乐的

山水意境和人的精神》《中国先秦儒、道学派音乐审美意识研究笔札》《〈阳关三叠〉研究札记》《契丹—辽音乐文化考察研究报告》《对契丹—辽细腰鼓的初步认识》《锹琴、三弦、渤海琴及乐问》《契丹—辽音乐文化考察琐记》《从音乐图像学看契丹—辽时期的音乐文化交流》《对辽宁朝阳德辅博物馆藏史前石埙考察的一点认识》等三十余篇。

（本人提供）

大学教授钟情陶埙制作
——访沈阳音乐学院教授陈秉义

孟建军

跟随曹正先生学习陶埙制作

陈秉义是沈阳音乐学院中国音乐史教授（二级），中国音乐史研究方向硕士研究生导师。他气质儒雅，谈吐举止散发着古代文人雅士风范。谈起当年跟随曹正老师学习陶埙制作的渊源来，他说，1983年，沈阳音乐学院四十五周年校庆时，请曹老师回到了母校。原来曹正是东北音乐专科学校（原东北鲁艺和沈阳音乐学院的前身）的老师，1964年北京建立中国音乐学院后，被调到中国音乐学院执教。在校庆期间,曹正老师教了四个学生制埙。他说,埙是中国古老的乐器,为了不使其失传,他每到一地讲学或演出,都在当地教几个学生制埙。这次曹正老师教了陈秉义、杨娜妮、孔庆山和徐世龙。这几个人都是沈阳音乐学院的老师,有吹笛子的,有拉板胡的,有弹古筝的。"曹正老师领我们到郊区挖胶泥,手把手地教我们制埙。我们学会了六孔埙的捏制,用一块泥捏,没有接缝。我们用了二十多分钟就学会了捏制。"陈秉义说,他小时候玩过泥娃娃,所以很快就学会了捏制。捏成还算容易,但做好不容易。

陈秉义说,曹老师曾回忆1938年他就在徐州创办了一个叫"埙风社"的音乐社团,当时"埙风社"只有几个人,维持了一两年就解散了。也就是从1938年起,曹正老师就开始研制古埙了。

据陈秉义讲,1977年春夏,吕骥和黄翔鹏等人到河南、山西、陕西、甘肃等省考察先秦音乐文物,着重研究了陶埙与编钟,吕骥的《从原始氏族社会到殷代的几种陶埙探索我国五声音阶的形成年代》的论文,得出中国五声音阶形成于母系氏族社会后期的结论。回来后,吕骥先生曾找过曹正老师商量如何扩大埙的音域,并希望曹老师大胆进行改革试验。曹老师就在六孔埙的基础上,把埙的按音孔扩大到八个或九个。此后不久,这种八孔、九孔埙就在全国各地开始流行。人们也逐渐认识和熟悉了这件古老的乐器。

陈秉义说,曹正先生制埙在中国还不算最早的。据《国民大乐》一书介绍,20世纪20年代,上海大同乐会就曾复制过古埙。他们制作的埙很大,称之为瞫(窖)。

通过与曹老师学习制作陶埙，陈秉义不断总结经验，并在继承前人成果的基础上不断发展自己的艺术个性。

自制古埙乐此不疲

陈秉义之所以热爱制埙，还有一个重要的原因：在多年教授中国音乐史的过程中，他深深体会到，音乐实物对音乐史教学的重要作用，当年在讲授古代音乐史课程中苦于没有陶埙这种乐器，只能给学生看图片。跟曹老师学会捏制陶埙后，陈秉义陆续制作出一些陶埙。他根据河姆渡、半坡、甘肃火烧沟等地出土的埙，着手按照原型仿制这些古埙。从此，陈秉义在课堂上不再只是拿着图片给学生上课了，而是让学生亲身感受和聆听这些实物埙的声音，真实生动的课堂教学深受学生的欢迎。每年讲埙的古代音乐史课堂，都是在学生热烈的掌声中结束的。不仅如此，陈秉义还亲手教自己指导的硕士研究生制作陶埙，并在他为沈阳音乐学院硕士研究生开设的中国古代音乐文化课中教授选课的研究生制埙，用他自己的话说，这不仅仅是教授给这些研究生如何制作陶埙，更为重要的是让他们在制作中去体会中国古代音乐文化在原始时期的状态。他还把自己制作的埙赠送给国内各音乐院校和部分师范大学教中国音乐史的老师，让他们也用于教学之中，这在国内仅此一例。

由最初的配合教学动手制埙，到后来逐渐对制埙产生了兴趣，陈秉义在制埙的道路上从未止步。陈秉义说："起初我夫人杨娜妮说我制作的埙不在调上，我就不断总结经验和试验，不同的调用不同重量的泥，不同的陶泥在烧制后有不同比例的收缩，就这样一次次反复试制、做记录，最终让烧制的埙都在调上了。"现在，陈秉义做任何调门的埙都心中有数，能做到基本准确。

他说，制埙最难的是高音吹不响。"我不是搞管乐器的，开始吹不响，音准就找不到。还有一个音色的问题，优质的埙吹起来有共振，音色也好听，做不好就没有共振。由于我是教中国音乐史的，也想通过不用任何工具来捏制陶埙，体会古人当时创造和制造这种乐器时的过程和心理。"为了烧制方便，陈秉义还在家中安装了一个电窑来烧制陶埙。

每当放假，学生问陈秉义老师需要带点什么土特产，陈秉义只希望他们能够带回一块当地的胶泥来制作埙，这已成为一个趣谈。他尝试用不同色泽的泥制埙，他说，含氧化铁多的泥，烧制出来是红色的；含铝多的泥，烧出来是灰色的。含有不同化学元素的泥，烧出来后就会呈现不同的色泽。不同地域的泥，烧制后也会出现比例不等的收缩性。

在制埙过程中汲取知识

陈秉义最初制作的埙是平底的，他认为不太美观。后来他钟情于制作卵形的埙，有的埙的底部还做出一个用来拴流苏的孔，从外观上来看，更有中国的风格和特点。

陈秉义制作的埙除了能够演奏外，还具有艺术性和观赏性。他仔细研究了商代兽纹埙的图案，并把这种图案用到了他制作的埙上，苍老古朴，韵味十足。他还在用浅色的泥制成的埙体上面刻出槽沟，再将深色的泥条镶嵌进去，形成漂亮的色泽和图案。陈秉义拿出一枚十五年前制作的埙让我欣赏,他说那时的埙音阶少,音域不够宽。后来,陈秉义研制出了双腔埙,即在埙腔体内部的三分之二处加一个腔体,扩大了音域。他用黄色段泥制作的埙和陶笛,用宜兴丁山清水红泥制作的埙,上面都有图案和纹饰,古朴典雅,十分耐看。陈秉义制作的一枚F调的芝麻段泥埙,上面镂刻着古朴对称的纹饰,极像出土文物。

陈秉义还制作过牛头埙(宁夏称之为泥哇呜),从正面看像是演奏者在用鼻子吹,而从侧面看才发现是用嘴吹的。他解释说,这样吹有一个好处,演奏时好把持,不容易掉下来。

陈秉义还用木、石、玉等制作过埙,他还复制过湖北的呜嘟、宁夏泥哇呜、山东的泥哨等。不仅如此,他还在埙的历史上进行探索和研究,2001年,他曾撰写了《古埙艺术》一书,从"产生阶段""定型阶段""发展阶段""转变阶段"分述了古埙的历史沿革。其中涉及新石器早期至晚期、商及商晚期、商周之后和战国、隋唐之后等时期埙的发展。最近查到了西夏文字中有"笛六曩",河南人曾称之为"笛溜",还查到了辽代叫它"呜箫"等,这为他进行埙的研究增添了许多新的内容。陈秉义说,他在研究陶埙的过程中也学习到了许多音乐历史的知识。从1983年到现在的三十余年中,陈秉义用他的双手制作了上千枚不同形状的埙。朋友、同事、同行甚至有些外国朋友都来索取,他都慷慨赠送。他自豪地说:"除了非洲没有,世界各地几乎都有我做的埙。"2016年,陈秉义还把他制作的三十五枚埙捐赠给了沈阳音乐学院的民族乐器陈列馆。

陈秉义今年制作的最有意义的一枚埙是"跨年埙",这枚埙是在 2016 年 12 月 31 日晚上制作的,原本计划在 24 点完成,刘再生老师和他在微信中相互拜年时得知他正在制埙,就建议他在零点之后完成,使之成为"跨年埙",这也是陈秉义丁酉年的第一枚埙。

在国内外传播中国的埙文化

2012 年 9 月 24 日,为迎接中国音乐史学会第十二次学术年会在沈阳音乐学院召开,陈秉义在沈阳音乐学院举办了一次别开生面的艺术展,展览展出了陈秉义的书法、篆刻、摄影和几十枚造型各异的陶埙。展品由陈秉义书写的六十幅中国古代音乐诗书法、六十位中国古代音乐名家章篆刻、六十枚陶埙和三十幅摄影作品组成。来自全国的音乐史学工作者和研究生参观了这次展览,反响强烈。展览从一个侧面展示了陈秉义的艺术修养和人生追求。

陈秉义研究中国古埙制作四十余年,2001 年出版的《古埙艺术》一书是目前国内外唯一的一部关于埙的著述,该书被美国哈佛大学、印第安纳州立大学等校图书馆收藏。2002 年,陈秉义应邀到美国十一所大学专门去讲中国的古埙。2009 年,陈秉义与妻子杨娜妮应邀去美国克里夫兰天主教大学讲学,讲 20 世纪中国音乐教育和中国埙的历史。陈秉义甘愿做一名传播中国古老的埙文化的使者。

制作乐器始于知青时代

1968 年,初中毕业的陈秉义随着知青大军到农村插队落户。插队的日子里,他曾对自己的未来感到迷茫,但并未沉沦。1969 年的一天,他从老乡家找了一块梨木,自己用斧头砍出琵琶的大形,然后找梧桐树做成面板，并用开水把梧桐板材的浆液煮出来，待干透后就做成琵琶面板；又找了四个二胡轴，最终制成了一把琵琶。虽然这把琵琶的共振不太好，但陈秉义还是抱着这把琵琶到处为老乡们演奏《浏阳河》《唱支山歌给党听》。1974年，他以优异的成绩考入沈阳音乐学院。如果追溯陈秉义制作乐器的历史，从五十年前就开始了。虽然当年他失去了到北大学习以及后来诸多晋升的机会，但他从不后悔。教学、研究、制埙、写书法、搞摄影，非常忙碌。陈秉义告诉我，他的《中国古埙八千年历史钩沉》即将在上海三联书店出版社出版。

陈秉义由衷感谢曹正先生，"先生的恩德永远铭记在心中，是先生的教诲，增加了我的兴趣，充实了我的业余文化生活。"在曹老师去世时，陈秉义曾写了一首诗怀念恩师：

苍天不纯命兮，乐界震惊。恩师不辞别兮，吾辈悲泣。国乐之宗师兮，筝立音苑。继埙之古业兮，当代一人。唱晚渔舟兮，万古传颂。教诲之不倦兮，永铭于心。登山远眺兮，京城轸怀。饮水思源兮，吾辈首丘。呜呼，哀哉！痛哉！望师瞑目，一路走好。

目前，陈秉义正在研制中国陶笛。他说："外国的陶笛充其量有五百年的历史，而我们中国的陶埙从河姆渡一音孔埙开始至今已有七千年的历史。我们的汉代就有'沂蒙泥哨'，实际上就是今天的陶笛。到辽代时，已经有十音孔的陶笛。今天的山东还有'阳谷泥哨'，中国各地类似的乐器很多，我们应该研究出中国的陶笛，让中国的学生学习演奏中国的陶笛。"他微笑着对我说："怎么说呢，动手做埙挺上瘾的，不仅有文化内涵，还很有成就感呢！"

原载于《乐器》，2017年第6期

个人小传

陈重，1919年出生于上海浦东杨家渡。音乐教育家，吹弹大师，天津音乐学院教授。

陈重自幼对江南丝竹音乐有独好，追随舅父学习二胡、笛子，十一岁开始参加民间的丝竹集会等演出活动。1936年，他师从著名演奏家孙裕德学习琵琶及洞箫，又跟随古琴大师张子谦、吴景略学习古琴。1940年，他和孙裕德等五人创建上海国乐研究会，后加入上海今虞琴社。1952年，他参加"今虞"古乐演奏会，并用朱红描金古埙演奏《普庵咒》《关山月》《阳关三叠》等古曲，自此萌发了对古埙进行改革的想法。

1956年，陈重参加文化部、中国音乐家协会首届音乐周，同年9月应邀担任东北音乐专科学校笛子教学工作。1957年起，他先后在天津音乐学院、河北师范学院、河北艺校担任琵琶、笛子、洞箫、古琴教学工作,并兼任中央音乐学院、中央民族学院、解放军艺术学院专业教学多年。

1979年,陈重对古乐器陶埙进行研究、改良,制成九孔、十孔陶埙,并自编乐曲,在国内外产生重大影响。

1994年,七十五岁高龄的陈重先后赴日本、法国、瑞士、意大利、德国、美国,以及中国香港、台湾等地讲学、演出,受到极高的赞誉。三十余年的教学经历及六十多年的艺术活动,使得他弟子满天下,他也被时任中国音乐家协会名誉主席吕骥称赞为"民族正声"。

陈重博采众长,在笛子、洞箫、琵琶、古琴、二胡、古埙等多种乐器上,均有很高的造诣,为国内有数的民乐多面手之一。他先后改编创作的乐曲有琵琶、二胡、中胡三重奏《青春》,苏南吹打乐《大步步高》,笛子曲《怀古》《荷塘月色》

《朝元歌》，箫、筝二重奏《妆台秋思》，埙、筝二重奏《楚歌》，等等。

此外，陈重还出版了"国色"系列专辑之《箫埙》，收录了《熏风曲》《阳关三叠》《高山流水》《西宫词》《妆台秋思》《楚歌》《佛上殿》《关山月》《出水莲》《普庵咒》《汉宫秋月》十一首曲子。

(王玉、刘豪整理)

从教三十载　桃李满园春
——陈重教授从教三十年师生音乐会侧记

赵森林

陈重先生是天津音乐学院民族器乐系教授。他在民族器乐的教学中，掌握了笛子、琵琶、古琴、箫、埙等多种乐器的演奏，是民乐界少有的多面手教师。三十年来，他教出了很多学生，分布在全国各地，有的在大专院校中从事教学、科研工作，有的在演出团体中担任演奏骨干……在他从教三十周年之际，中国音乐艺术委员会、

中央人民广播电台和天津音乐学院等单位共同为他举办了师生音乐会,以示庆贺。他分布在各地的学生除不能抽身者外,大部分云集天津,并于1986年10月17日在天津、10月18日在北京举行了两场隆重的师生音乐会。参加这次演出活动的学生有:上海音乐学院讲师谭谓裕、中央音乐学院讲师蒋志超、山东师范大学讲师刘德庆、中央民族学院讲师倪振春、厦门大学教师焦金海、中央民族乐团杜次文、著名青年女高音谢琳、上海歌剧院徐红、黑龙江省歌舞团尚存宝、浙江省歌舞团詹永明、河北省歌舞团王毓麟、朱玉珍、湖北省歌舞团赵良山、中国歌剧舞剧院张绍兹、上海民族乐团王力钧、济南军区前卫歌舞团方锦龙等二十多人,他们各自带来了以前从陈先生所学,以及他们毕业多年来自己所创作的曲目。以他们各自的高超技艺和深厚的艺术修养而演出的每一个节目都极为精彩,真是"轻拢慢捻,琵琶声颂祖国好;笙埙笛箫,南北音韵集一堂",受到了到会听众的热烈欢迎,实属多年来少有的一场高水平的民族音乐会。中国音乐家协会名誉主席吕骥同志为这次音乐会题词"民族正声",是有其深刻意义的。这场音乐会也必将对今后发展和振兴我国民族音乐事业产生深远影响。

两场音乐会后,在天津音乐学院举行了座谈。天津音乐学院副院长徐荣坤同志主持座谈,大家对这次演出活动给予了高度评价。发言者认为陈先生三十年的教学——

1.兢兢业业,孜孜不倦

蒋志超同志说:"陈先生培养出这么多优秀学生不是偶然的,

是他在教学上一贯勤恳的结果。陈先生对学生的要求是严格的和多方面的，既重视专业技术方面，也重视思想品德方面，尤其对专业学习，从未稍有过半点的放松。在课堂上总是一遍又一遍，多方进行启发诱导，直到完全领会为止。在课程紧张时，还往往一天连上八节课，从不叫苦。这种大美的艺德，是非常难能可贵的。所以他班上学生的学习成绩总是优秀的。"他还说："我现在在中央音乐学院也教着学生，我一定以陈先生为榜样，将这种教学美德传下去！"谭谓裕同志也插话说："凡是跟陈先生学过的人，无不敬佩他诲人不倦的精神。"

2. 来自民间，不忘民间

尚存宝同志说："陈先生的全部艺术都来自民间，在各种乐器上都具有深厚的功底，教起学生能得心应手。但他从不满足现状，一有机会就深入人民中间去汲取营养，进一步丰富和充实自己。"他还说："我每次到上海办事，只要陈先生在上海，总要带我到上海各江南丝竹团体去观摩、去体会，让我到民间音乐中去感受、去熏陶，以弥补在课堂上学习的不足。既锻炼了学生，也不断提升着教师自己。"

3. 教学方法开放，尽收他人之长

为使学生学到更全面的专业技能，陈先生的教学从不保守，他经常支持并鼓励学生向各名家学习——向刘德海学习，向梁培印学习，向刘管乐学习，向一切能开阔学生视野的同志学习！这样，学生学到了丰富的专业技能，教师也丰富了教学方法和手段。同志们

一致肯定了陈先生的这一做法。

4.教学科研齐头并进

陈先生主教笛子、琵琶、古琴、箫等乐器,但对我国古老乐器埙的研究改制却是从未休止过。他早年就会吹埙,但那是六孔的,音量小,音域窄,不能表达更深刻的内容,陈先生在吕骥同志的鼓励下,多年如一日,从不间断对埙的改制和研究,终于研制成功了十孔埙,抢救了一种濒于失传的乐器,使它复活在音乐舞台上。杜次文同志说:"我带着陈先生给我的埙,参加了在美国洛杉矶举行的第二十三届奥运会艺术节开幕式和到欧洲各国的演出,一曲《楚歌》震动了各大洲的朋友们!我中华民族始于几千年前的这种古乐器的声音响彻世界各地,为我中华民族争了光。"赵良山同志也将埙带到日本,还有中国香港做文化交流演出,同样收到了可喜的效果。

此次座谈会上,大家的发言是诚挚和热烈的,对陈重先生三十年的教学成果是肯定的,对天津音乐学院主办这场音乐会也是赞扬的。尚存宝、刘德庆同志都说:"这场音乐会的举办,说明天津音乐学院正在改革中崛起,证明它有魄力这样做。"倪振春同志也说:"这次音乐会的举办,充分说明党对民族音乐事业的重视与关怀。"济南前卫歌舞团是我军唯一以纯粹民族音乐为主的艺术团体,歌舞团青年琵琶演奏家方锦龙同志说:"听了这场演奏会,我们的信心更增强了,它将激励我们更好地沿着民族化的道路继续前进!"

……

陈重先生最后语重心长地说:"同志们的发言,既是对党的民族音乐事业的肯定，也是对我的鼓励，我非常感谢！我一生酷爱民族音乐，在民族音乐事业上奋斗了几十年。由于旧社会民族音乐事业不被人重视，整个民族音乐事业都在自生自灭中，所以尽管我奋力挣扎，但却一事无成，只有在中国共产党的领导下，才取得了这点小小的成绩。虽然我现在年近古稀，很快就将告老还乡，但我的心永远离不开为之奋斗了一辈子的民族音乐事业，我将为它继续奋斗。"陈先生写了四句打油诗，作为他发言的结束：

夕阳无限好，何惧近黄昏？

愿君同携手，振我民族魂。

原载于《天津音乐学院学报》，1987年第3期

九孔紫砂陶埙简介

沈亚宁

天津音乐学院陈重副教授新近研制出九孔紫砂陶埙。它外形似梨，底部平，前面六个音孔，后面两个音孔，上端一个吹孔；音色古朴、醇厚、悲壮。电影《张衡》《华佗与曹操》中，有些音乐就是用埙演奏的。古埙历史，可以追溯到七千年前的新石器时代。

出生在江南丝竹之乡的陈重副教授，从小酷爱音乐，十五岁时加入上海汇丰银行等同人创办的怡乐国乐社，渐渐成为一个全能的国乐手。1942年，他与孙裕德等五人创办上海国乐研究会，在上

海兰心大戏院（现上海艺术剧场）用改良的泥埙参加《楚歌·别姬》的演奏，获得成功。1952年，他用清宫的胶泥埙在今虞琴社的演奏会上吹奏了《普庵咒》《关山月》等曲。"文革"期间，他想动手烧制埙，却因此挨了批斗。直至1979年在中国音乐家协会领导的鼓励下，他才开始动手研制古埙，先后尝试过多种方法，在宜兴陶瓷工艺师的协助下，终于获得成功。

这次研制的九孔埙，是在殷埙的基础上加大体积，放大肩部，扩大内膛，从而增大了音量。九孔埙有大、中、小三种规格：大者定调1=D，中者定调1=F，小者定调1=G。运用传统的俯吹和仰吹的方法，九孔埙基本上能吹出两个八度的全部半音（总共二十三四个音和一个自然泛音）。在九孔埙研制成功后，陈重副教授很快有了一批学生，他们大都是已经很有成就的演奏家。如中央民族乐团的杜次文，1984年随团去美国参加第二十三届奥运会艺术节，演出了陈重与他合编的埙与古筝二重奏《楚歌》，赢得了听众的好评。

陈重副教授不满足于现有的成绩，继续钻研，最近在九孔的基础上，又增加了一个音孔。初步试制成功的十孔陶埙，使埙的音域增加了一个大二度，它不久将在舞台上与观众见面。

原载于《乐器》，1986年第1期

个人小传

戴亚，1964年出生于浙江东阳。著名演奏家，中国音乐家协会会员，中国民族管弦乐学会常务理事，中国竹笛学会副会长，中央音乐学院教授，博士生导师。

戴亚七岁开始学笛，九岁师从笛子大师赵松庭先生，1977年考入浙江省艺术学校，1981年在杭州"西湖之春"笛子比赛中获第一名，1982年分配至杭州歌舞团任独奏演员。

1986年，戴亚考入中央音乐学院，先后师从著名笛子演奏家曾永清、刘管乐先生，1990年毕业留校任教。1998年，他被推荐至"文化部优秀演员"研究生班学习，2000年毕业。他曾被评为北京市优秀青年教师，获"三育人"称号和中央音乐学院青年教师突出贡献奖。2005年，他获教育部"新世纪优秀人才支持计划"的重点

科研项目；2007年受邀担任香港佛教文化产业——佛教音乐委员会委员（佛乐器乐委员组）。

近年来，戴亚先后多次与世界著名的瑞典国家交响乐团、马尔默交响乐团、英国ADDITTY弦乐四重奏团、意大利XENIAEESEMBLE弦乐四重奏团、荷兰新音乐团、新加坡华乐团、中国国家交响乐团、中央歌剧院交响乐团、中央民族乐团、中国广播民族乐团、上海交响乐团、上海爱乐交响乐团、杭州爱乐交响乐团、中央音乐学院民族管弦乐团、香港中乐团、台北市立国乐团、澳门中乐团等合作，举办了笛子独奏、协奏音乐会，在国内外获得极高的声誉。2009年，他在全国首次举办了笛子协奏曲专场音乐会。此外，"龙之吟——戴亚笛子独奏系列音乐会"已在全国陆续展开。他还曾应瑞典皇家音乐学院、歌德堡音乐学院、香港演艺学院、澳门演艺学院、新加坡艺术理事会等国内外院校和团体之邀，举行大师班讲学、演出等活动。

赵松庭先生生前曾有过笛子向多孔形制发展的构想，戴亚秉承导师的遗志，在与作曲家们的密切合作中，经过近二十年的研究和反复实践，在演奏中大胆地运用了改良八孔笛，扩展了音阶，使音阶更加完善，从而为笛子更好地适应新时代独奏、协奏及作曲家的各种需要，开辟了新的领域。2000年，他撰写了《中国竹笛与西洋管弦乐队合作的实践和思考》，站在理论的高度上思考八孔笛的发展前景。2008年，他完成了《八孔笛——新改良竹笛应用教程》一书，使八孔笛的训练和演奏成为完整的规范体系，为笛子演奏的发展做出了贡献。

之后，戴亚和著名笛埙演奏家、博士生导师刘宽忍教授，策划、筹备并组建了中央音乐学院"龙之吟"笛埙乐团。这是中国第一个笛埙乐团。戴亚担任乐团艺术总监兼团长，刘宽忍为名誉团长。乐团成员由中央音乐学院民乐系师生组成，基本编制三十六人。乐团分四个声区，十几个声部。四个声区的配合可以达到三至四个八度的音域。

中央音乐学院"龙之吟"笛埙乐团，在演奏、创作、理论、乐器制作与研发四位一体的创新型教研模式总布局下，继承和弘扬中国传统笛埙艺术，探索并创新笛埙艺术发展的新常态，开启了重奏、组合、竹笛乐团、埙乐团、笛埙乐团等多元形式创新模式和艺术实践，力争为中国笛埙艺术的传承和发展书写新的国乐华章。乐团聘请著名作曲家、中央音乐学院作曲系作曲教研室主任、硕士生导师郝维亚教授，著名作曲家、中央音乐学院作曲系硕士生导师李滨扬教授为创作顾问；著名青年指挥家、教育家、中央音乐学院副教授陈冰女士为首席指挥；陈赛为执行团长；张诗乐为驻团作曲兼指挥；著名青年音乐理论家、教育家、中央音乐学院副教授何宽钊先生，北京师范大学艺术学博士后宋克宾为理论协作；埙制作大师张荣华先生和竹笛制作家董雪华先生为乐器制作与研发指导；并邀请各地的演奏家、教授和优秀学生共同参与。

时至今日，中央音乐学院"龙之吟"笛埙乐团已经顺利在国内西安、长沙、南昌、天津、太原等地巡回演出，不仅促进了各大音

乐院校的交流学习,还推动了笛埙尤其是埙乐的发展,在中央音乐学院的推广下,使埙向更快更专业化发展。

中央音乐学院"龙之吟"笛埙乐团全国巡演现场

(王玉、罗井昕整理)

中央音乐学院"龙之吟"笛埙乐团新作品专场音乐会隆重举办

2016年12月25日晚7点30分,中央音乐学院"龙之吟"笛埙乐团新作品专场音乐会在中央音乐学院歌剧音乐厅隆重举行。

音乐会上演奏了九首曲风各异的委约原创曲目,全部为世界首演。中央音乐学院指挥系教授林涛和"龙之吟"笛埙乐团驻团作曲、指挥张诗乐执棒指挥。中央音乐学院"龙之吟"笛埙乐团是在著名笛子演奏家、教育家、硕士生导师戴亚教授和著名笛埙演奏家、博士生导师刘宽忍教授的策划和筹备下组建而成,这是中国第一个笛埙乐团。乐团成员由中央音乐学院民乐系师生组成,基本编制三十六人。乐团分四个声区,十几个声部,四个声区的配合可以达到三至四个八度的音域。

乐团艺术总监、团长戴亚教授在音乐会开始前发言,介绍了中国第一个笛埙乐团——"龙之吟"笛埙乐团名称的由来,并表示乐团将追寻古老乐器所承载的古风遗韵、千年文化之道,赋予古老乐器以新的生命力,奏当代人的气质精神。乐团将在演奏、创作、理论、乐器制作与研发四位一体的创新型教研模式总布局下,继承和弘扬中国传统笛埙艺术,在重奏、组合、笛乐团、埙乐团、笛埙乐团等多元形式的探索和艺术实践中,力争为中国笛埙艺术的传承和发展书写新的国乐华章。

原载于《乐器》,2017 年第 1 期

谈民乐观众的培养
——由戴亚笛子独奏音乐会"龙之吟"而想到的

马颖

2010 年 4 月 10 日晚 7 点,沈阳音乐学院音乐厅门前已人山人海,原来半个小时以后，这里将上演一场名为"龙之吟"的笛子独奏音乐会。虽然我对这里的热闹场面早有心理准备，但这种摩肩接踵的情景还是让人有些吃惊。据闻，这次音乐会由沈阳音乐学院民乐系主办，由该系主任、著名琵琶演奏家刘刚教授策划，由当代笛界领军人物——戴亚与沈阳音乐学院青年民族管弦乐团为沈城观众共同奉上。

以往在新闻媒体、报刊中经常能够见到戴亚教授的身影，但亲临音乐会听其现场演奏还真是头一遭，因此也特别期待。而由沈阳音乐学院民乐系部分师生所组成的沈阳音乐学院青年民族管弦乐团承担了音乐会的协奏部分。担任本次音乐会指挥的，是以优异成绩毕业于香港中乐团及香港演艺学院合办的指挥大师班的青年指挥家孙鹏，他现任沈阳音乐学院青年民族管弦乐团常任指挥。如此强强联合的阵容，形成这种"一票难求"的火爆局面也就不足为奇了。

从节目单的曲目设计可以看出，这次的音乐会旨在突出传统的笛子名曲，其中有《喜相逢》《牧民新歌》《深秋叙》《三五七》《秦川抒怀》《小放牛》《秦川情》《走西口》等。耳熟能详的优美笛曲让人充满希冀。晚7点30分，音乐厅内已是座无虚席，来自各地的笛子爱好者们，静静等候这位蜚声国内外的艺术大师。经主持人介绍，我们得知戴亚先生本人属龙，又酷爱龙，因此有了"龙之吟"的主题命名。

整场音乐会，乐曲风格的多样性以及演绎手法的多变性给人带来无尽的回味和遐想，观众被他强烈的艺术魅力所折服。每首作品结束时，观众都毫不吝惜地热烈鼓掌，好评如潮。掌声、尖叫声、口号声不绝于耳，还有戴亚老师的崇拜者热情地献上一束束美丽的鲜花，这其中也不乏国际友人的追捧。后半场竹笛协奏曲部分，尤为精彩。以一件乐器抗衡一个管弦乐队，音乐竟能如此层次清晰流畅。情感在这里交流，心灵在这里汇合。当最后一曲《秦川情》演奏结束时，音乐厅内可谓掌声雷动，很多人甚至起立鼓掌，以示激动与满足。观众们以经久不息的掌声强烈要求戴亚先生返场演出。在戴亚先生多次谢幕，观众仍然不肯离席的情况下，戴亚先生再次登台，用语言表达了对大家的谢意。最后，为了回报沈城观众的热情，也为了感谢多方人士的支持，他演奏了对他的艺术生涯影响最大的一首作品《扬鞭催马运粮忙》，结束了这次完美的演出。整场音乐会掌声阵阵，赞叹啧啧，鲜花朵朵。

本场音乐会可以用时下的一个时髦词汇来形容，那就是"火爆"，而这种"火爆"是我始料未及的。可以说近些年来，笔者一直关心着东北地区的民乐发展，出于个人的爱好和工作的便利得以有机会经常现场聆听音乐会。当然，这与沈阳音乐学院音乐厅地处沈城的文化中心也不无关系。个人音乐会能够如此，实属罕见。在沈城，并不单是民乐，就是声乐（包括美声、民声、通俗）、西洋器乐（包括键盘、管弦乐等），多数情况下，肯花"重金"来听音乐会的也大多是"圈内"人（包括沈阳音乐学院师生及其家属、朋友，以及学习音乐的校外学生及其家长），只有少部分观众属于音乐爱好者及发烧友（或用时下流行语叫"铁杆粉丝"）。而能吸引人们不远万里只为欣赏这一个半小时美妙旋律的音乐会可谓凤毛麟角。

当然,这并不是说我们这里的音乐人才技不如人。这里当然有表演一方的因素,而观众的培养也是不容忽视的。就拿最具说服力的例子来说,具有浓郁东北地方特色的民间说唱艺术形式"二人转"十年前的"门可罗雀"与现今的"门庭若市"简直不可同日而语。难道是二人转艺人的表演水平一夜之间突飞猛进了?且不论它自身的优劣和火爆后的利弊,在肯定二人转"绿化""提升"、与时俱进的同时,不得不承认它的火爆原因是多方面的,这里一个不可或缺的因素就是观众的培养。再说眼前的例子,十年前,沈阳音乐学院民乐系还不具备与这种大师级演奏家合作的资格和能力。而本场音乐会上,可以说戴亚的演奏已达到难以超越的水平,精致到无以复加的地步。而与他合作的沈阳音乐学院青年民族管弦乐团的演奏水平也不容小觑,这一点连戴亚本人也直言不讳。

由沈阳音乐学院民乐系部分师生所组成的青年民族管弦乐团虽然只有十岁的团龄,却在短短十年间,举办和承接了近百场演出,如应国家大剧院邀请举办"华彩金秋——大型民族管弦音乐会",邀请指挥大师阎惠昌先生举办"品赏国乐经典"音乐会,以及"北方风情""千禧龙年·民乐回归"、辽宁省第五届艺术节、沈阳国际音乐节、"纪念赵玉斋教授八十周年诞辰音乐会"、著名二胡演奏家刘长福独奏音乐会、著名月琴大师冯少先独奏音乐会、"华乐之韵"名家名曲专场音乐会等数十场,还应邀为中央电视台《国乐飘香》栏目录制专辑节目。此外,每年的艺术实践大型演出平均八场左右。乐团中的部分师生还经常应邀赴国外演出，近年来足迹遍布美国、英国、俄罗斯、日本、新加坡、马来西亚等国家。乐团本身亦多次获奖，如：在辽宁省第五届艺术节中，该乐团荣获八项金奖、三项银奖；在全国大学生展演辽宁赛区的比赛中获第一名。由没有乐团到乐团成立，由没有指挥到拥有高水平的常任指挥，由没有演出到演出频繁，沈阳音乐学院青年民族管弦乐团用十年的时间成长为我国专业音乐院校中一支高水平的学生乐团，得到业内人士的一致肯定，其发展变化可谓有目共睹。正所谓"阳春白雪，和者日众"。

"和者日众"不是一朝一夕的事，靠的是日积月累地奋斗和努力。作为一个非营利性的民乐乐团，能有如此的发展速度实属不易。在社会转型期，艺术工作者也面临价值观和人生观的考验。在部分人金钱至上、唯利是图思想的驱使下，各种"爆炒""打造"地迎合市民低级趣味却打着"贴近大众""贴近生活"旗号的"伪艺术"扬扬得意之时，一些人承受不住人们对艺术的疏离，对艺术的追求渐渐淡了，也有人似乎忘记艺术工作者应尽的责任，变得十分功利，而忘记了服务大众、回报社会的己任。而身为专业音乐教育工作者，在承担本职工作——学校文化教育的同时，也肩负着社会文化教育的责任，因此有责任为改变文艺界一些急功近利和不良风气做出表率，用自己的行动来影响周围的人。我们常说"十年树木，百年树人"，对民乐观众的培养，除了需要呼吁国家对民族器乐的发展给予更多财力上的支持和政策上的倾斜之外，更需要一批勇于付出、具有无私奉献精神的真正的艺术工作者十几年、几十年甚至更长时间的辛勤耕耘。一个艺术工作者和教育者的责任不仅是把民族艺术传播得更远、更广，音乐普及和教育工作同样重要。培养能够欣赏民族艺术的观众，提升全民族的音乐文化品位，让更多人走近民族艺术，体会中华传统文化的深厚韵味，任重而道远。令人欣慰的是，在今时今日，我们已经看到了十年来的奋斗成果。

近年来，音乐艺术工作者越来越体会到普及艺术教育的重要性。在西洋管弦乐方面，指挥家郑小瑛和她的爱乐女乐团已经做出表率，也取得了成功。民乐的普及教育也指日可待并悄然发生，近期来沈阳音乐学院讲学并已被聘请为客座教授的琵琶演奏家吴玉霞，就已发起了"琵琶名曲赏析"普及音乐会，不仅自己演奏、讲学，还邀请一些同行、同事和学生参与。沈阳音乐学院的民乐音乐会完全可以借鉴这种"赏析"音乐会的形式，每次音乐会都为观众介绍本场音乐会所演曲目的基本知识，从而激起观众对民乐艺术的兴趣；或是与音乐爱好者们进行深入的交流，将普通民乐爱好者感到难以接近的一些高难度曲目以最简朴、生动的语言加以解释，然后再以高超的专业技巧进行演绎。而类似带有"赏析"性质的音乐会让更多人对民族音乐有了进一步的了解，当与观众有了更亲近的接触时，观众会更愿意走近艺术。

当人们的物质生活改善后，对文化的需求就越来越大，满足大众的文化需求，文艺工作者需要做的工作还有很多。普通大众是民族艺术发展的重要力量，培养观众就是为民族艺术培育土壤。如果职业演奏家能够利用自己的影响多做艺术普及工作,相信这块土壤会越来越肥沃。衷心地希望民乐人能够尽自己所能,将民乐的种子播撒到祖国的每一片土地上。

原载于《音乐生活》,2010年第7期

杜次文

杜次文，1939年出生。中国著名笛埙演奏家、中央民族乐团国家一级演奏员。

杜次文1962年毕业于中央音乐学院民乐系，是我国培养的为数不多的第一代民族音乐大学生之一，后分配在中央民族乐团，任管乐声部部长。1977年，他成为中央音乐学院、北京戏曲学院特聘客座教授，在全国器乐大赛中多次荣任评委。

杜次文与埙的缘分来自他的老师陈重。那年西安半坡遗址的一个展览会上展出了一枚此处出土的管形埙。文化部部长看到后咨询中央音乐学院民乐系主任吴景略教授谁还会吹埙，然后找到了陈重。

陈重是杜次文大学的主科老师。因当时陈先生年事已高，就把这枚古埙研究了以后制作了两枚，一枚送给了杜次文，另一枚送给了赵良山。赵良山是杜次文的师弟。

后来，他们就摸索如何把这两枚埙吹响，如何赋予埙新的生命。为此，他们还到故宫去看了殷商时期的埙。

1984年，杜次文代表国家随中央民族乐团参加美国洛杉矶第二十三届奥林匹克艺术节，演奏他与老师陈重共同编曲的埙乐经典作品《楚歌》，使埙这一乐器第一次登上世界舞台，在国际上有了初步的影响。

1999年，杜次文在中央民族乐团维也纳金色大厅新年音乐会上与古琴大师龚一、著名管乐演奏家曾格格合奏顾冠仁编曲的《大胡笳》，获得巨大成功。同年，其个人事迹被载入《世界名人录》。

杜次文先生在多年的艺术生涯中，曾在国内外获得多种艺术奖项，包括第二十三届奥林匹克艺术节金奖、第四届世界妇女大会艺术家奖、文化部颁发的"国庆五十周年艺术表演奖"等。

此外，他还曾受邀在电影《火烧圆明园》《垂帘听政》《二泉映月》《知音》《焦裕禄》等影片中担任埙配乐，并在《黑纽扣》《沉默的辉煌》等数十部电影电视片中担任作曲及指挥。

他还曾代表国家在世界顶级音乐厅，包括美国纽约卡内基音乐厅、奥地利维也纳金色大厅、德国柏林爱乐音乐厅、丹麦哥本哈根国家广播公司音乐厅及日本札幌音乐厅演出，并多次代表国家访问美国、日本、奥地利、德国、瑞士、丹麦、西班牙、罗马尼亚、韩国等国家，以及中国香港、澳门和台湾等地区。

杜次文功底扎实、博采众长，他对于民族音乐、交响乐，以及流行音乐都有较深的了解，形成了严谨准确、深情细腻的风格，其编创的《妆台秋思》《楚歌》《阿里山，你可听到我的笛声》《阳光照耀着帕米尔》等作品深受广大听众欢迎，在海内外广为流传，并收录在全国规范化教材中。

杜次文2002年退休，但他"退而不休"，一直受聘于各大音乐院校教学传艺，在教导之余还喜好与学生交流对音乐的看法，用生动的方法向学生解释乐理要领，备受学生爱戴，所教授的学生现均在海内外各院团中充任重要角色。

（王玉、刘豪整理）

相关典章

让世界聆听最古老的中国音乐
——杜次文和埙的故事

谢苏妮

前些时候，福娃产品家族中又添了一个新成员——福娃埙，备受海内外朋友的喜爱。然而，这并不是埙第一次和奥运会发生联系，早在1984年美国洛杉矶举行的第二十三届奥林匹克艺术节上，就有人用埙演奏了一曲《楚歌》，第一次让世界聆听到了最古老的中国音乐，这个人就是国家一级演奏员杜次文。

笔者对杜次文先生的采访地点是他的家——20世纪八九十年代的老房子，屋内墙已泛黄，老式的简单家具擦拭得很干净，给人的感觉朴实而舒服，就像杜次文先生的为人。

年近古稀的杜先生谈吐儒雅，思路清晰，而且英语说得相当好，在交谈的过程中，他常常在不经意间带出几句地道的英语，他笑着说："这都是逼出来的。"因为他以前经常要出国演出，同外国音乐界人士交流。

埙之缘

说起埙，杜先生不无感慨。埙是中国最古老的乐器之一，曾以其独占八音之土的特有神韵，一度成为宫廷雅乐乐器的重要成员，

并在民间广为流传。但由于战乱等原因,埙后来在民间几近失传。在现代民族音乐家的努力下,埙才再一次焕发生机。

杜先生和埙结下不解之缘应归因于他的老师陈重先生。杜先生说:"陈重先生对埙的研制和改良做出了非常大的贡献。"20世纪70年代,根据《诗经》对埙的描述"烧土为之,形如雁卵",陈重先生与宜兴的陶窑合作,复制出了紫砂陶埙,并进行了一些改良,但因年纪大了,就把演奏的任务交给了他的学生。就这样,杜先生开始了他演奏埙的历程。

埙之演奏

"1984年洛杉矶举行的第二十三届奥林匹克艺术节,打开了我们民族音乐走向世界的一扇大门。"二十多年前的情景,杜先生仍记忆犹新——杜先生演奏的是他和陈重先生一起创作的埙曲《楚歌》——古朴、苍劲、哀婉,宛如天籁……它如人声般诉说着一种英雄末路的悲壮、一段古老凄美的传奇,感动了无数观众。当时,美国当地的报纸好评如潮。《中报》更是用"此曲只应北京有,人间能得几回闻"来赞誉。"当时我们趁势顺访了美国十七个州,美国各地的华侨华人聆听了祖国的传统民族音乐之后,感到特别自豪,有的人一激动,真的就抱着你哭了。"说起当时的情景,杜先生脸上洋溢着自豪。

1998年,杜次文又把埙乐带到了奥地利维也纳的金色大厅,由他吹埙,龚一弹奏古琴,曾格格吹箫,三人合奏的《大胡笳》,将埙的演奏提升到一个新的境界。当中国最古老的音乐在西方最古老的音乐圣殿响起时，观众无不沉醉，感叹"这就是真正的中国音乐"。

杜先生曾多次访问美国、日本和欧洲多国，并代表国家在世界五大音乐厅表演了丰富多彩的民族音乐，他出色的埙、笛、箫演奏让世界聆听到了真正的中国音乐。1999年，他被载入《世界名人录》。

埙之改良

杜次文先生在美国演奏《楚歌》时用的是陈重先生复制的陶埙。但是，当时用紫砂泥制作的埙容易变形，调音困难，吹起来也很吃力。为了便于吹奏，杜先生又对埙的研制做了进一步改良：他与制埙大师张荣华一起研制出十二平均律的埙，并且对新材料埙的研制也提出了很多好的建议。他说："对古乐器埙的传承，并不是把它复制出来，能吹出声音就完成了，还要考虑怎样把音调得更准，吹起来更容易。"

音孔的调整必须精益求精，因为每个音孔的大小要求都不尽相同，失之毫厘便可能谬以千里。杜先生指着他珍藏的几枚制作精美的埙说，他用过的每一枚埙，每一个音孔都经过反复多次的修整，其音已是相当精准了。现在几乎五线谱上所有的音符，在埙的音域里都能够表现出来，而且改良后的埙符合现代人的演奏习惯，任何人都能很轻松地学会。

杜先生非常珍爱自己的乐器，几乎每一样曾经演奏过的乐器他都小心翼翼地收藏着。他说，这些已经陪伴了他好几十年的乐器，是他生命中最重要的东西。

埙之作

沙发旁边的凳子上摆放着厚厚的一摞曲谱,这些都是杜先生创作的,有两三百首之多。其中《楚歌》《妆台秋思》《帕米尔的阳光》等作品在海内外广为流传,先生的埙曲代表作包括《楚歌》《鬲溪梅令》《玉鹅令》《沉默的辉煌》等。

"《妆台秋思》表现的是昭君出塞后思念故土的心情,《鬲溪梅令》是根据姜夔词创作的,表现送别情境……"杜先生一边播放他的专辑,一边讲述他的创作初衷,到了精彩处,他又做起了指挥,最后干脆即兴演奏一曲,完全沉浸在自己的音乐之中。看得出杜先生对音乐创作是多么痴迷和认真,也许正是因为他对音乐创作的这种激情,让人完全感觉不出他已年近古稀。

杜先生2002年便已退休,但他说自己是"退而不休"。虽然从工作了近四十年的中央民族乐团的岗位上退下来了,但他还在中央音乐学院、中国音乐学院任教,而且早已桃李满天下,他的弟子大多已在海内外各个院团充任重要角色,北京奥运会全球福娃形象大使曾格格便是他的学生。

"退休并不等于我停止了音乐创作,"现任中国埙文化学会副会长的杜次文先生说,"我希望能创作出更多更好的作品,也希望有更多人关注埙的发展,将祖先赐给我们的文化遗产发扬光大……"

原载于《人民日报》(海外版),2008年1月7日

高明

个人小传

高明，1941年9月出生，陕西佳县人。著名笛子演奏家、音乐表演艺术家、作曲家，国家一级演奏员，中国音乐家协会会员，中国音乐著作权协会会员，中国竹笛学会副会长，陕西省民族管弦乐学会副会长。曾任陕西省歌舞剧院歌舞团团长，陕西省歌舞剧院音乐舞蹈团艺委会主任、演出领导小组组长，西安唐乐宫艺术总监。

1959年3月，高明先生随榆林代表团参加"陕西省第四届民间音乐舞蹈会演"并获笛子独奏优秀奖，同年被调入陕西省乐团从艺。国庆十周年时，他十七岁的处女作《草原之晨》由中央人民广播电台向全国播放。1978年，他研制成功盖键哨式排箫，并获科技成果三等奖。

1982年起，高明先生潜心研究唐代音乐遗风，他作为《唐·长安乐舞》的主要作曲和第一演奏，至今已为中外观众演出上万场。其中的仿唐排箫曲《春莺啭》，以别致的曲式结构、精湛的演奏技艺，受到世界八十多个国家的宾客欢迎，还入选中国第一张DVD《大唐乐舞》。1985年，中央电视台及各地方电视台播放了《多才多艺的演奏家高明》专题电视片。1988年，高明先生出任陕西省歌舞剧院歌舞团团长。1992年元旦，受中央电视台邀请，在向西欧六国直播的中国民乐名家音乐会上，他进行了排箫独奏，成为最受国外观众欢迎的演奏家之一，并被载入中央电视台成立五十周年大型纪念画册。2015年5月22日，"陕西省终身成就艺术家系列——高明作品音乐会"在西安音乐厅成功举行。

高明先生还以筹划、执笔并结合舞美造型创设立体化、完美的乐舞剧演奏形式，完善了自己研制发明的新型民族管乐器，如：盖键哨式排箫、拉笛、玉佛埙、排巴乌、分合葫芦丝等。

高明先生创立的陕北风格笛曲已经成为中国笛风的重要一派。自1959年起从事专业艺术工作以来，他创作演奏了一大批优秀的笛子独奏曲，其中以《农村一片新气象》《陕北好》《枣园春色》《塞上牧笛》《欢乐的边疆》等最具有代表性。

高明先生还长期致力于埙的创作、演奏及改良事业，创作了埙协奏曲《黄陵碑》《丝路吟》，埙与陶器《围猎》，埙独奏曲《玉门驼影》《春游骊山》《金曲串》《民歌链》，移植编配埙与键笙《云雀》。他改良改革的玉佛埙通体由蓝田玉制成，外形为弥勒佛造型，造型美观，古风韵味十足，音色干净，声音浑厚有张力。由头腔和腹腔两个腔体组成，工序复杂。两个腔体之间由一玉佩状玉板隔开，中间有孔，气流由此经过时重新激发边棱音效应，使埙的高音区音域得到很大扩展。玉佛埙在 ^bB 调、C 调、D 调乐器上最为合宜，工艺精美、设计科学，利用了泛音列使埙的泛音振动变得规律起来，有效音域达到两个半八度。指控音域从低音 sol 到高音 la（全按音为 sol 对于很多演奏者来说极其方便），俯吹下方小三度至低音 mi，加上半音阶可以演奏三十个音。

五十多年来，高明先生一直活跃在国内外的舞台上，受到国内外听众包括六十多个国家元首的赞赏。工作之余，他还辅导过三千多名学生，其中有不少人已经成为著名演奏家。

2015 年 10 月 16 日，高明先生因病医治无效逝世。

（刘豪、罗井昕整理）

"陕西省终身成就艺术家系列——高明作品音乐会"在西安举行

摘自《中国民乐》杂志

半个多世纪以来，高明先生一直活跃在舞台，深受观众欢迎，曾为世界六十多个国家的元首演出，为百余部影视片配乐，辅导过三千多名学生。他创立的陕北竹笛风格，已发展成为中国民族笛风的重要一派。1987年，人民音乐出版社发行了《高明笛子曲选》。

2015年5月22日，是高明先生艺术生涯中最值得庆祝的日子，由陕西省文化厅主办，陕西省歌舞剧院有限公司承办，陕西省歌舞剧院民族乐团演出的"陕西省终身成就艺术家系列——高明作品音乐会"在西安音乐厅隆重举行。本场音乐会特邀著名竹笛演奏家戴亚先生、詹永明先生、马迪先生领衔，与乐团倾情合作、联袂奉献。旨在进一步弘扬陕西文化艺术，推动陕西文化大繁荣大发展，褒奖为陕西文化事业默默奉献并有突出贡献的艺术家。

本场音乐会汇集了高明先生不同时期创作的笛子作品、民族管弦乐合奏作品中具有代表性的十五首。其中既有他十七岁创作的处女作《草原之晨》，也有刻上深深时代烙印，歌颂幸福生活、伟大共产党的《陕北好》《枣园春色》《农村一片新气象》《欢乐的边疆》等，以及荣获省级一等奖的作品笛子协奏曲《王宝钏》《春》和描写大唐盛世国泰民安的《华清宫》《万岁乐》等。

音乐会上，笛界老、中、青三代笛子演奏家演奏了高明先生不同时期、不同风格的笛子、排箫、洞箫、埙等作品。台上台下掌声热烈，高潮迭起。陕西省文化厅厅长刘宽忍为高明先生颁发了"陕西省终身成就艺术家"证书和奖牌。

音乐会最大亮点当数最后一首《陕北好》，老先生宝刀不老，率领众演奏家和发烧友共同演奏，将音乐会推向最高潮。

高明作品音乐会虽已落下帷幕，但通过这次活动映射出的是三秦大地浓厚的文化气息与蓬勃发展的民乐氛围，尤其可喜的是笛子界，团结互助、佳作不断、继往开来，在造福本土学习者的同时也为全国笛界带来了正能量。

原载于《音乐天地》，2015 年第 5 期

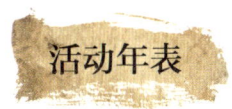

活动年表

1959 年 3 月，参加"陕西省第四届民间音乐舞蹈会演"，获笛子独奏优秀奖，同年被调入陕西省乐团从艺。

1964 年，创作并演奏笛子独奏曲《农村一片新气象》《陕北好》，由中国唱片社出版唱片。其中笛子独奏曲《农村一片新气象》入选 1966 年中国音乐家协会"为农村服务的音乐作品征稿"活动，乐谱由音乐出版社出版发行。

1975 年，参加全国专业艺术团体文艺会演，演奏自己创作的《枣园春色》《塞上牧笛》《欢乐的边疆》等笛子独奏曲，在器乐演奏评比中一举夺魁。

1977 年，与总政歌舞团作曲家齐国栋创作笛子独奏曲《吕梁山下话当年》，获解放军总政治部"建军五十周年全军第四届文艺会演"创作奖。

1978 年，研制成功盖键哨式排箫，获科技成果三等奖。

1982 年，成为《唐·长安乐舞》的主要作曲和第一主演，至今

已为中外观众演出上万场。

1986年，创作演奏大型民族管乐组曲《王宝钏》，获陕西省首届艺术节一等奖。

1988年，出任陕西省歌舞剧院歌舞团团长。

1989年，主创大型晚会《黄土舞诗》并拍摄成舞台艺术片，获中央电视台国庆四十周年献礼展播奖、广播电影电视部"星光奖"三等奖。

1990年，领导和主创了西北五省区纪念丝绸之路两千一百年大型乐舞剧《丝路长虹》。

1992年元旦，受中央电视台邀请，在向西欧六国直播的中国民乐名家音乐会上，进行排箫独奏，并被载入中央电视台成立五十周年大型纪念画册。

2006年10月29日，应台湾琴园国乐团团长林谷珍先生之邀，联合孔建华先生、荣政先生在台湾举办"中国竹笛名家名曲音乐会系列第十六场——横吹铜笛苍龙声"，演奏了《枣园春色》《五梆子》《云雀》和《荫中鸟》。

2015年5月22日，"陕西省终身成就艺术家系列——高明作品音乐会"在西安音乐厅成功举行。

个人小传

黄金成,1939年11月出生于广东佛山。著名民族管弦乐演奏家,中国音乐家协会会员,中国民族管弦乐学会顾问,广东省广东音乐联谊会顾问,广东音乐家协会笛子学会名誉会长,广东省葫芦丝巴乌学会名誉会长,星海音乐学院教授。

黄金成师承梁秋、冯子存、黄锦培、朱海、杨立忠、商华庭、王文友等名家,基础厚实,技巧熟练,广东音乐尤其突出,灌录了大批广东音乐唱片及磁带。

黄金成不仅深谙笛子、洞箫,且擅长口笛、陶埙的制作与演奏,演奏风格热情奔放,韵味浓郁。1983年后,他成功制作陶埙。1987年,黄金成与广州乐团交响乐团合作,首次以埙成功地演奏了作曲家曹光平的《黄河》。1988年4月间,他以特邀广东音乐名家身份,赴港参加市政局主办的"吕文成纪念音乐会"演出活动。1992年9月，黄金成随广东电视艺术团访问了加拿大，在综合文艺晚会上，他演奏了笛子、埙、葫芦丝、巴乌、口笛和洞箫曲，其中埙曲《阳关三叠》最受欢迎。1997年，他成功研制了能够演奏一个半八度、半音阶的新型结构口笛。著名音乐评论家李凌先生评价他："以南派的艺术韵味、风格为主体，兼收各派之长，使自己的箫音别具一格，为广东音乐中箫笛的发展，开拓了新路。"

在音乐艺术生涯中，黄金成多次获奖，曾获第三届羊城音乐花会乐器独奏比赛优秀奖、中国首届广东音乐邀请赛一等奖、中国广东首届葫芦丝巴乌2010年全国邀请赛优秀指导老师奖、2011年中国国际葫芦丝艺术节国际优秀导师奖。

2013年4月，黄金成应邀赴美国纽约担任美国青少年才艺大赛专家评委。2013年，他组建并指导广东音乐小组"粤人荟"赴香港参赛，荣获"华乐联盟"首届国际华乐室内乐乐团（队）比赛"非职业青年组"民族乐器组合类金奖，同时荣获"华乐联盟"首届国际华乐室内乐乐团（队）比赛优秀指导教师奖。2015年，他被香港岭南艺术中心授予"粤乐大师"称号。

2016年8月，黄金成以葫芦丝巴乌学会名誉会长身份参与"中国·广东葫芦丝·巴乌2016全国邀请赛"评审活动，并且参演洞箫、葫芦丝独奏节目《平湖秋月》。

2016年10月，黄金成受邀参加中国笛子昆山会议，演奏《平湖秋月》《浏阳河》。同月再受文化部主办的"十一届中国艺术节"

之邀，组团广东音乐"粤成荟"赴西安表演。2017年5月，他受邀参加中国二十一世纪笛子高峰论坛会议并演出。

此外，黄金成还曾应邀到中国音乐学院、中央音乐学院、天津音乐学院、香港演艺学院、香港音乐事务统筹处、香港基督教女青年会中乐团讲学及演奏，并参与中国艺术团、广东电视艺术团、广州侨联艺术团、星海音乐学院艺术团、香港岭南艺术团、香港进念二十面体、澳门中乐团等团体，远赴美国、加拿大、德国、日本、韩国、新加坡、马来西亚等国访问演出及艺术交流，还曾两次在香港、澳门举办黄金成笛箫独奏音乐会。他的优秀获奖作品有《粤海欢歌》等，改编作品有《一锭金》《泣长城》等。

（刘豪整理）

相关典章

迷上了陶埙的音乐家黄金成

王灿

星海音乐学院副教授、著名笛子演奏家黄金成的家中，摆满了他自制的乐器——陶埙。据考，埙已有七千年历史，已经发现的古代埙，有一孔的、二孔的、三孔的，还有五孔的。看得出古代吹埙的音乐家在逐步发展它，完善它。然而自汉代以后，埙逐渐在民众

中绝迹,直到近百年以来,有识之士才试图予以恢复、发展,而黄金成集改良、制作、吹奏、创作和改编乐曲于一身,并取得了显著成果,他实在是使陶埙大放光彩的佼佼者。

广东音像出版社曾为黄金成录制出版了盒带《情韵》,十二首乐曲中有笛子独奏六首,有陶埙独奏三首(《请你记得我的好》《你侬我侬》《送君》),还有笛子与陶埙合奏三首(《马车夫之歌》《我问你》《夜半三更》)。在《情韵》盒带中,你可以尽情欣赏陶埙的特色,体会一下《诗经》中"伯氏吹埙"的韵味。但是,它又绝不全是那古而又老的东西,它用现代电声乐器伴奏,给人一种新鲜感。这既是黄金成具有超前意识的体现,也是改革开放后对当代听众欣赏意识的尊重吧!尽管有人反对,但黄金成改良了乐器,创编了乐曲,以他高超的管乐器吹奏技巧,奏出了耐人寻味的陶埙之音。他的成功,在于他是既动脑又动手的实践家。

在黄先生家,我观赏了他自己制作的大大小小的陶埙。他吹起C调的低音埙,从3到2,十二平均律的半音齐全。接着又吹奏了$^\#$C调埙、D调埙、$^\#$D调埙……直至第十八枚高音埙。我问:"需要制作这么多的埙吗?"他说:"不同音区各调埙的效果是不一样的。有一次为一部电影配乐,按作曲家要求的音色,我用一枚高音埙吹奏,得到了大家都满意的效果。作为一种研究工作,全方位地掌握陶埙的特点,制作出系列陶埙完全必要。"我看着黄先生家满柜的系列陶埙,不禁对他那孜孜以求的精神发出由衷的赞叹。

黄金成最初是专攻笛箫的,任教后又掌握了口笛、葫芦丝、巴乌的吹奏。当他对陶埙发生兴趣后，废寝忘食，制了吹，吹了改，改了制，制了再吹……经过无数次的反复试验，终于取得了改良陶埙的成功。黄金成以其管乐演奏家的艺术魅力和专业技能，为改良陶埙找到了第一个知音——作曲家曹光平。1987年，黄金成与广州乐团交响乐团合作，首次以埙成功地演奏了曹光平的第三交响曲《黄河》，获得了极好的音乐效果。后来黄金成又自己动手创作、改编乐曲，由于他对改良陶埙的音域、音色、音量、技巧、音乐风格了如指掌，更加充分地发挥出乐器的功能和特点。陶埙新声通过盒带《情韵》流向全国，传到国外。

黄金成对陶埙的改良体现于四个方面：音色改善；音域向高音扩展，高低音较统一；孔位排列合理，运指方便灵活；吹口经改进，发音更容易控制。

受卡尔加里市中华文化中心之邀，1992年9月黄金成随广东电视艺术团访问了加拿大。在一台轻松愉快、具有民族风格的综合文艺晚会上，黄金成独奏了《一锭金》（笛子）、《阳关三叠》（埙）、《竹林深处》（葫芦丝）、《渔歌》（巴乌）、《苗岭的早晨》（口笛）、《昭君怨》（洞箫）。其中的埙独奏格外受观众欢迎。他们在卡尔加里、埃德蒙顿、温哥华三市共演出七场，还与音乐界人士进行了交流，那里的听众对埙更是情有独钟。归国后，黄金成甚为繁忙，又是为学生补课，又是忙于演出，又是创作，又是录音，但他仍放不下埙的制作及进一步改良。他对陶埙简直着了迷。

原载于《乐器》，1993年第2期

个人小传

梁欣，原名梁建群，1947 年 8 月 17 日出生于辽宁沈阳，毕业于西安音乐学院作曲系。中国音乐家协会会员，陕西省民族管弦乐学会竹笛学会名誉会长，西安音乐学院民乐系副教授。

梁欣 1954 年至 1960 年就读于西安报恩寺小学，1960 年至 1963 年就读于西安市第二十七中学，1963 年至 1966 年就读于西安市第四十一中学；1968 年在长安县、周至县下乡插队，1970 年在西安红旗手表厂工作。1972 年参加陕西省文艺调研，演出笛子独奏；1975 年入选陕西代表队，赴京参加全国"音乐（独唱、独奏、重唱、重奏）调演"，演出笛子二重奏；1979 年至 1987 年任西安音乐学院民乐系笛子专业教师；1987 年起任民族器乐作品分析及小型民族器乐曲写作课程教师、民乐系编创教研室主任，指导学生创作了笙、琵琶、古筝、二胡等独奏曲数十首。这些作品，有的成为专业教学、演奏曲目，有的在电台录音、播放，其中一首还获得了专业作品比赛金奖。1994年12月被评为副教授，1991年、1997年参加"陕西长安鼓乐团"赴瑞士、德国、法国等欧洲六国及中国台湾地区演出。1998年1月，被评为西安音乐学院1996—1997学年度优秀教师。2000年起，兼任笛子专业教师，2007年退休后返聘担任笛子专业本科、硕士研究生教学工作至2017年。

梁欣曾在人民音乐出版社、上海音乐出版社出版音乐类书籍，并在《音乐创作》等杂志发表了民族器乐曲及歌曲多首。部分作品录制成盒式录音磁带、激光唱片出版发行，或在省、市及全国比赛中获奖，其中吹打乐《轩辕颂》被确定为清明轩辕黄帝陵公祭典礼专用祭祀曲（1993年至2003年）。

梁欣的主要作品有笛子曲《乡歌》、唢呐曲《关中情》、二胡与古筝《枫叶》、民乐六重奏《臆象》、民乐三重奏《凉州写意》、民乐五重奏《雪梅》、埙曲《遐想》《苦楝树》《苏武牧羊》等，出版了《梁欣民族器乐室内乐作品选》（激光唱片）、《梁欣重奏作品选集》等。埙曲的创作是梁欣艺术生涯的重要组成部分，对埙，他有着自己独到的见解。其中，《遐想》乐曲取材于宋代姜白石词《鬲溪梅令》，以古老的乐器埙与筝的对话，表达对远古的遐想。《苦楝树》是为埙与扬琴、大提琴、钟琴而作的室内乐重奏作品。

梁欣任教笛子演奏专业近四十年，他努力探索专业教学规律，对不同流派、风格的曲目采取兼收并蓄、去芜存精的原则，因材施

教；注重对学生基本功的严格训练，坚持示范演奏和理论讲解相结合的教学方法，使学生在掌握了正确演奏方法的基础上发挥自己的特长；启发学生对乐曲的理解，提高其艺术表现力。他培养的学生有多人考入了陕西省歌舞剧院民族乐团、西安歌舞剧院、陕西省广播文工团等专业团体，成为优秀的笛子演奏家。

2011年，梁欣师生笛子演奏音乐会成功举办；2014年，陕西省文化厅举办了"陕西省终身成就艺术家系列——梁欣作品音乐会"，梁欣获"陕西省终身成就艺术家"荣誉称号。其个人传略已收入人民音乐出版社《中国音乐家名录》。

（罗井昕整理）

相关典章

浅谈笛子曲《乡歌》的音乐背景和演奏技巧

邵国瑞

笛子是古老的中国乐器，也是中国乐器中最具代表性、最有民族特色的吹奏乐器之一。中国传统音乐中常用的横吹木管乐器之一——中国竹笛，一般分为南方的曲笛、北方的梆笛和介于两者之间的中音笛。在民族乐队中，笛子是举足轻重的吹管乐器，被当作民族吹管乐器的代表。

笛子曲《乡歌》是由梁欣与张延武先生于1980年创作而成的作品，取材于陕北民歌及关中音乐，乐曲以优美的旋律表达了人们对家乡的思念之情，是梁欣先生的代表作。全曲分为五个部分：引子、行板、慢板、快板、尾声。乐曲借鉴吸收了传统作曲技法，大大丰富了笛子的演奏技巧和艺术表现力，从而给笛子注入了新的时代精神。下面就我自己的学习和理解，对乐曲做一下剖析。

一、《乡歌》的音乐背景

谈到笛子，人们就会很自然地想到在乡间的小路上，牧童吹笛，笛声悠悠，给人一种悠闲宁静的感觉，表达出人们对美好生活的向往。但是，笛子也与心情紧密地联系在一起，边塞诗人曾经描写到笛声萧瑟，思乡断肠。这种描写就将笛子与思想感情紧密地结合到一起了。本文将论述到的《乡歌》就明显地体现了笛子与情感的结合这一点。本文将《乡歌》这首作品从音乐背景和演奏技巧方面进行详细的分析，并通过自己多年的学习和演奏所产生的心得和体会进行论述。

本曲创作于1980年，作者梁欣采用了陕北民间歌曲及关中音乐素材，表达了人们对家乡的赞美及思念之情。梁欣作为一名地地道道的陕北人，形象具体地利用陕北音乐的特征表现了当地的自然环境和人们的生活景象。

二、《乡歌》的演奏技巧处理

（一）气息技巧

《乡歌》作为一首极具陕北音乐特色的作品，首先要掌握的是它的风格特点：时而粗犷、豪放、慷慨激昂，时而婉转、细腻、优美，在音响色彩上有时明亮、爽朗，有时暗淡伤感、如泣如诉，音色的多变性就要求气息的控制和把握很严格，这也是竹笛演奏当中最重要的地方。要做到气息控制自如、有收有放，首先要有正确的呼吸作为支撑。

（二）口风技巧

除了气息控制之外，口风的大小也决定着音量的大小。当吹奏低音时，口风的风门要变大，气流变缓，粗而有力，使笛子内部空气振动而产生共鸣，这样的低音就会宽厚、饱满；吹奏中音时的口风要大小适中，中音区的音色明亮，气流不急不缓，平稳流畅。《乡歌》慢板的后半部分有高音出现。到高音部分的时候若气流没有太大变化，所演奏出来的情绪就达不到强烈的效果；当气流变急促，口腔胸腔内有充分的空间时，吹奏出的音响效果明显强了很多。所以口劲的松紧程度和风门的大小要在三个音区内做到控制自如、自然流畅，不留下任何的痕迹，随着旋律的发展做出相应的变化，这样才能达到最佳的音响效果。

（三）特殊技巧

技巧上也有独特的地方。技巧是演奏时起到装饰旋律作用的演奏技法，通过技巧对旋律的装饰，对于表现音乐的风格特点具有很重要的意义。《乡歌》中常用的颤音、滑音、打音、倚音等技巧，使乐句具有优美、明朗、跳跃性等特点。

倚音的使用使旋律平稳柔和，赋予歌唱性。倚音不占据节拍的时值，但是这也不可能完全避免，有时为了达到更好的效果，会将倚音和主音联系到一起演奏。

通过本次浅析《乡歌》这首作品，希望能使大家深刻感受到竹笛事业发展的飞跃。任何一门艺术的发展与成熟，都需要几代人的努力探索和研究，竹笛在中国已经出现了几千年，而且在它身上积累了深厚的文化内涵和底蕴。所以，在保留它特色的前提下，将竹笛艺术发展到一个更高的阶段，使这种具有中国民族特色的乐器发挥出更大的魅力，是我们这一代人的责任。希望我国的民族音乐能够得到更多优秀作曲家的关注，在民乐未来发展的日子里涌现出更多优秀的作品。

参考文献

1. 蒋志超.笛子曲谱.北京：人民音乐出版社，2000.

原载于《北方音乐》，2018年第10期

刘凤山

刘凤山，1956 年出生，江苏徐州人。著名中国民族管乐器教育家、理论家，著名笛埙演奏家，原济南军区前卫歌舞团民族乐团国家一级演奏员，少将军衔，正军级待遇，享受国务院政府特殊津贴。中国埙文化学会副会长，中国非物质文化遗产保护协会第一届埙专业委员会副主任，中国葫芦丝巴乌学会副会长，中国笛子学会常务理事，全国德艺双馨艺术家评比全军评审高级评委，上海中华笛文化研究所研究员兼常务理事。

自 1980 年以来，刘凤山曾多次随团出访意大利、瑞典、奥地利等几十个国家和地区，以其高超的技艺，悠扬动听的笛、埙独奏受到听众广泛欢迎。

1991 年，刘凤山在中央电视台《综艺大观》栏目第三十七期中，现场演奏了埙独奏《醉翁戏鸟》。这次中央电视台的电视现场直播，引起了国内外音乐家、音乐评论家和观众们的强烈反响，《人民日报》《人民日报》（海外版）、《光明日报》《解放军报》等国内众多报刊，均对他的埙演奏和这首创新的埙音乐作品给予了高度评价。

1997年3月，刘凤山同笙演奏大师胡天泉先生一起在新加坡维多利亚音乐厅成功举办了"笙笛埙"二人独奏音乐会，演奏了包括《哀郢》《醉翁戏鸟》在内的埙经典作品，引起了强烈反响，当地报纸与国家电视台进行了专题采访并刊登、播出。

2002年，由原济南军区前卫歌舞团民族乐团和解放军艺术学院民族乐队联合组成的中国人民解放军红星民族乐团，访问奥地利维也纳，在金色大厅举办了"新春马年音乐会"的中国民乐专场音乐会。刘凤山演出埙独奏《醉翁戏鸟》，再次将历史悠久的埙介绍给世界，传播了中国优秀文化艺术。其民族管乐器联奏《鱼水情》《中华情》等更是开创了一人在一首作品中使用了包括埙在内的七种乐器的演奏形式。

多年来，刘凤山为电台、电视台录制了大量的笛埙等艺术专题节目，全国几十家报刊对其本人均有专题报道。其中中央人民广播电台《乐坛人物》栏目，中央电视台《中国文艺》《综艺大观》《艺苑风景线》《国乐飘香》等栏目均多次播出他的演奏节目。济南电视台于1993年、山东教育电视台于2004年，分别专门录制了《笛埙梦》和《笛声埙韵都是情》两部刘凤山个人专题艺术片，并在中央电视台及各省市电视台多次播出，受到国内外电视观众及专家们的高度赞扬。

多年的演出实践使刘凤山积累了丰富的素材，因此他的代表作品内容丰富且涉猎广泛：梆笛曲《喜庆的日子》《高原舞曲》（1979年），竖笛曲《美丽的沙力库力》（1981年），大笛与低音大笛曲《望月怀远》（1983年）、《晨雾》（1990年），埙曲《醉翁戏鸟》（1987年）、《海韵》（1996年）、《红小鬼》（2006年）、《林间戏鸟》（2008年），排箫曲《春韵》（1999年），葫芦丝曲《情深意长》（2003年）。

刘凤山编著的《埙的演奏技巧与练习》（人民音乐出版社1996年4月出版发行），是已知第一部关于埙的教科书，填补了埙教学的世界空白。此书中介绍了由他研制成功的十孔十二平均律埙（九个音孔一个吹孔），并详细介绍了其改革创新的音孔定位和演奏指法。

此外，刘凤山还编著有《笛子演奏与练习》《竖笛演奏与练习》《笛子演奏教程》《葫芦丝巴乌演奏教程》《中外名歌笛子曲集》等图书。2007年，刘凤山与其子——上海师范大学讲师刘扬，根据大众竹笛教学的普遍需求共同编著了《笛子技巧系统练习教程二十九课》（人民音乐出版社2010年4月出版发行），深受广大竹笛教习者的喜爱。2018年，二人再次合作编著了《埙演奏教程》（人民音乐出版社2019年8月出版发行）。

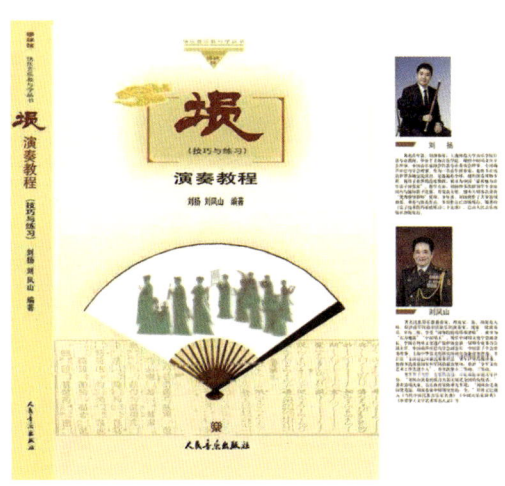

刘凤山个人事迹已载入《笛坛精英繁星录》《中国音乐家辞典》《当代中国民族音乐家名典》《世界华人文学艺术界名人录》等，他曾荣获包括"中国国家发明奖"与"表演特别贡献奖"在内的国家和军队的最高奖项，并荣获"全军文化艺术工作先进个人"荣誉称号，多次荣立二等功、三等功。

（刘豪、罗井昕整理）

实践不停,探索不止
——刘凤山的埙艺人生

刘扬

与埙结缘

20世纪80年代初,作为济南军区前卫歌舞团(2003年并入前卫文工团)的笛子演奏员,刘凤山虽然在"笛子圈"中已是很有名气的青年演奏家了,但那时的他并没有接触到埙这件当时十分冷门的乐器。也许是命中注定,一个机缘巧合把他与埙联系到了一起。时任济南军区前卫歌舞团的作曲指挥张式业正在为电视剧《水浒传》创作配乐。

"张老师说,感觉现有的吹奏管乐器太过明亮,需要一些更加古朴的音色,会更符合艺术效果。"刘凤山回忆道,"他找到我,要我去学习与研究一下埙,好用在电视配乐中。"

经单位推荐,刘凤山专程来到吉林省歌舞团找到石家环老师,请教埙的演奏方法。由于石老师当时正忙于应对紧急事务,没有时间进行详细的交流,便简单讲解了基本指法并递过两枚传统孔埙请他自己摸索。

出于完成任务的责任与对知识的渴望,刘凤山当天就开始按照石老师的指法表实践操作。大概花了两天时间，他已掌握基本演奏方式，便赶紧回到前卫歌舞团加入紧张的排练。

济南军区前卫歌舞团始终保持着部队的优良作风，创新传统使乐团非常乐于尝试新的音色，各种配乐，即便是几声效果，也经常加入埙的声部。充足的舞台实践使刘凤山在埙演奏方面积累了大量的经验，为他接下来的探索打下坚实的基础。

思考与探索

一、关于形制

在20世纪八九十年代，尽管在物质上并不富裕，前卫歌舞团还是会想方设法为演奏员们购买乐器。刘凤山家中有一个展柜，里面收藏了不少不同风格与形制的埙。

"埙的魅力很大，我自己也花钱买过一些，这里有一半是单位采购的，另一半是自己购买的。"刘凤山指着柜子说。

在埙的形制上，刘凤山表示还是最喜欢使用传统吹口的单腔体梨形埙。

他说："这种埙保留了原汁原味的古朴音色，传统吹口对于演奏俯吹音更有优势，向下扩展了埙的音域，增加了表现力。至于高音区，对专业演奏员来说，音色与音量并不是问题。这样一来，埙的音色便有了深沉的俯吹音、浑厚的基础音与明亮的高音三种层次，这也形成了我的演奏风格。"

刘凤山可以通过俯吹音向下延伸一个八度，这种优势使得他经常在演奏中使用俯吹音。因此，在使用俯吹音上，无论是音色还是音量，他都有着很高的要求，优美的俯吹音是他在埙演奏上的一大特色。

二、关于指法

埙的指法方面，刘凤山也进行着思考与改进。在大量的日常练习与演出过程中，他发现当时常见的埙指法有许多不合理之处，如：音孔划分不合理，在统一音域内经常交叉使用手指来按孔，应付一些较为慢速的旋律尚可，但面对需要快速演奏的乐曲时，就会显得捉襟见肘。

"显然，这样的指法并不适合快速演奏，限制了埙对于更复杂演奏技术的应用。"刘凤山回忆道，"印象最深的是石家环老师送给我的他亲手制作的埙，那是已经在传统埙的基础上进行了一些优化的，比如每个常规音孔都是由两个小音孔组成的，十分不易。不过他的埙制作精良、做工复杂，因石老师是雕刻艺术家，对他并不是问题，但在当时的技术条件下别人很难这样做，就不便于制作推广了。"

在历史上，前卫歌舞团就以乐器改良而闻名，作为这里的一分子，刘凤山自然继承着这一光荣传统。

"那时我就想着以后搞个不但好用还要好做的指法。在每天的使用过程中，我就根据自己的演奏习惯坚持研究，不断进行优化。"刘凤山说道。

埙是腔体乐器，没有如笛子那种开管乐器比较规则的振动体（管中气流柱），尽管一方面这制约了对泛音的使用，但另一方面却给了使用者很大的自主权：只要能确保腔体中密闭部分的容积是依次减小的，理论上就可以自定义指法。

于是刘凤山决定按照自己的想法进行设计。

他介绍："新的指法应当成熟可靠，便于掌握。在管乐器演奏中，最灵活的三个指头即食指、中指、无名指，通常被作为音乐运行中最常用的手指，故我以笛子最常用指法之一的全按作2指法为基础，加上其中一只手的小拇指形成我自己的特色指法。"

此套指法的基础指法为全按作1。由于是顺手指法，且除起手中指外，其余灵活的指头分别控制3、5、6、7、1，几乎没有叉孔指法，所以演奏常规音阶时较为平衡，有效降低了操作负担。而第三指孔（起手中指）作为专用的半音孔，只要略加气息控制，就可轻松演奏半音阶。按照管乐器的惯例，全按也可作其他音，而且由于上手非常简单，学习适应新指法也十分方便。这样一来，这种指法既便于快速学习记忆，又适合演奏现代作品常用的半音体系，集灵活与精确为一体，可谓十分成功。

多年来，这套指法系统得到了埙界的高度赞扬，获得国内外埙制作家、演奏家和埙爱好者们的广泛喜爱和使用。如世界著名陶艺家朴树棠先生，甘肃的李蕴林先生，河北的张科举先生、刘振敏女士，北京的张埙先生等全国知名制埙家多年来始终坚持使用此指法系统制埙（有些制作者将默认指法标注为全按作5，但实际排列顺序一致）。

三、关于制作

追求总是伴随着挑战。由于当时没有多少人按照刘凤山设想的指法制作埙，他便开始自己研究制作。

"使用哪里的泥巴，我也是探索过一些的。"刘凤山回忆道，"由于那时条件有限，用来尝试的泥也只能是托朋友从山东各地捎来的品种。其中最为满意的还是一个学生从济南北郊黄河边挖的泥。"

另外，有限的条件还不止于材料的品种，由于残品率太高，他最终放弃了像烧陶那样拉坯，而使用先放置内胆再取出的"麻烦办法"来制作。

刘凤山回忆道："自己在家里制作没有烧制的条件，我就只能退而求其次，经过千百次的失败与探索，终于研制了一整套阴干法的制埙流程。"

由他亲手制作的埙都是未经烧制的，泥土中保有一定的水分，同时又因需要保证强度而更加厚重，从而有着与常规的埙明显不同的音色。

"这反倒成了我制作的埙的一大特色。"他总结道。

由于他制作的埙很有特点，经常被济南军区作为重要礼物送给前来视察与访问的重要人物，成为珍贵的收藏品。

埙艺术风格的发展

在发展埙音乐风格方面，刘凤山也是孜孜不倦。最典型的代表作品便是著名的埙独奏《醉翁戏鸟》。

一、《醉翁戏鸟》的创作背景

作为当时人民解放军政治工作单位,前卫歌舞团同样继承了人民解放军善于充分发挥团队主观能动性的优点,不少经典作品都由乐团成员自发集思广益共同探讨创作。这首佳作正是在这样的环境下诞生的。

20世纪80年代中期,时任前卫歌舞团琵琶演奏员的刘锡钢找到一小段唐代音乐素材"15$\overset{.}{1}^{\#}45$",与大家召开创作会,一同讨论创作一首独具特色的乐队音乐小品。因是为小型民族乐队而创作,围绕着使用哪些乐器演奏,如坠琴、笛子、二胡、琵琶、古筝等,大家各抒己见。

刘凤山回忆道:"经过了几年的练习与演出,我发现埙一直以来都是吹奏悲凉调的乐器,就一直铆着劲想要有所突破,正好同志们打算搞一个新作品,我想就通过这首曲子来探索些东西吧。"

他接着说:"我之所以没有选择平时最常用的笛子,是看中埙在当时相对冷门,低沉圆厚的音色格外有魅力。所以这个作品不但要用埙,还要做成具有突破性的、幽默风趣的,一旦上演一定会大受欢迎的!"

于是刘凤山据理力争,拿到了这个来之不易的机会。经过讨论,大家决定新作品由埙与坠琴作为主奏乐器,作品的主要创作任务由刘锡钢与刘凤山两位来完成。

机会是争取来了,但没有先例,创作谈何容易。

刘凤山比画着说:"要演奏幽默风趣的风格,首先速度要能够快,这与当时埙曲多速度较缓慢的风格形成鲜明的对比。"

他接着说:"还有这首作品应该要有很强的张力,与坠琴相比,埙的音色很特别,而且管乐器的演奏法与拉弦乐器形成鲜明的对比,作为合作乐器,它俩最合适。"

《醉翁戏鸟》总体节奏较为明快,为风趣幽默的风格奠定了一个不错的基础,并且巧妙运用了埙与其他乐器音色的差异,这在相互映衬的引子与欢快的快板中体现得淋漓尽致。

二、作品分析

1. 引子

乐曲一开始的引子是自由的散板,第一个音由中阮运用揉弦滑音等技法烘托出一个幽默十足的基调。紧接着,埙的旋律便以增四度、小三度的连续上行加长音作为起始,配合着深沉的音色,如戏曲中亮嗓子登台的手法,一个醉意十足的老者立刻形象地出现在听众面前。

此时的坠琴担任小乐队领奏者,与木鱼、铙钹、弹拨乐器等一起为作为整体的背景铺垫。乐队中的拉音笛则直接模仿了鸟叫声,与埙做对手戏。埙在此段的演奏中以滑音配合吐音,亦模仿鸟叫,惟妙惟肖地叙述着这个"老顽童"如何对着鸟儿逗乐,给观众留下深刻的印象。

2. 行板

行板部分为$\frac{4}{4}$节拍,由坠琴带领乐队缓缓奏出,配以打击乐,为主奏乐器搭建了一个轻松诙谐的背景。埙优哉游哉地奏出主旋律,好像老者哼着小曲在树林中散步，不急不慢，略带微醺的醉意，好不快活。而后，坠琴由小乐队领奏者转换为第二主奏乐器，其旋律与埙的声部时而复调时而统一，显得灵活。

此段经典中，创新性地引入了滑音、波音、叠音、颤音等笛子常用技法，加强了乐曲灵动的特点，而全按基音向下三度的俯吹音除了配合基音向高音区跳进以增加旋律张力外，还提供了特别的音色以增加音乐的厚度，从而增强了表现力。

3. 散板

乐曲的中部是幽默的散板，与前面的行板融为一体。描写的是老翁与鸟儿之间的对话。拉音笛照例扮演着鸟儿，坠琴拉出的长句如老翁心中的醉意，埙则通过吐音、滑音、垛音等技巧来强化埙擅长模仿人说话的"固有优势"（笔者认为这也是之前埙常演奏悲凉调的原因之一，毕竟像人说话才更有利于打动人心）。值得一提的是，因当时他用的埙并不擅长演奏此段的半音阶，刘凤山更加坚定了自己研究指法的想法。

4. 尾声

乐曲的尾声是轻巧的快板，具有再现的特点。此段旋律与行板一致，速度加快不少，整体显得更加轻巧。好似通过逗鸟，老翁一下子年轻了许多，步伐也更加轻快了。最后高潮阶段，拉音笛模仿鸟叫，埙与乐队共同模仿人声，音乐结束在一片欢声笑语之中。

三、乐曲总结

《醉翁戏鸟》作为刘凤山埙艺术中的经典作品之一，开创了埙演奏幽默风格的先河。这首作品果然一炮而红，受到广泛好评，后来也成为济南军区前卫歌舞团的保留作品，演出经久不衰。

2010年，前卫文工团创作团队在《醉翁戏鸟》的基础上进行了扩充改编，并增加了舞蹈、舞美等多种艺术形式，成为"大型民族交响音画"——《泰山》中很重要的一部舞乐作品《林间戏鸟》，而这里的老翁有了更加具体的形象：醉游泰山的诗仙李白，在山风徐徐吹拂之中，放歌南天门，神采飞扬，并与鸟儿相调谑。后来，成为经典的《林间戏鸟》参与全军文艺会演并获得最高奖项——表演特别贡献奖。

著书立说

一、写书背景

演奏与创作之余，刘凤山始终想着要为埙的理论做些贡献。于1996年4月由人民音乐出版社出版发行的《埙的演奏技巧与练习》是我国乃至世界上第一本关于埙的教科书，凝聚了他多年的心血。

正如该书前言所述："埙是我国最古老的民族乐器之一，几千年来历尽沧桑，几乎近于绝响。改革开放以后，埙又被重新发掘出来，活跃在我国民族乐坛上。它以那特有的音色打动了千百万听众的心，引起了国内外音乐界的极大关注。但是，介绍埙的书籍，特别是有关埙的演奏方面的书籍，仍是空白。"

在十多年的埙演奏实践中，刘凤山努力钻研埙的演奏技巧，并且把埙的演奏与制作、改良、创作紧密结合起来，不断丰富埙的特有音色，开拓埙的演奏领域。

"因频繁出席重要演出,他们都知道我吹埙吹得好,很出名。于是人民音乐出版社的陈兴荣先生专门找到我,请我将自己的演奏与练习经验记录下来写成书。"刘凤山回忆道,"于是我就把自己的想法告诉他们,经过探讨,就决定写成一本教科书了。"

二、图书说明

1. 普及知识

为了让当时的读者能够较系统地了解埙这一乐器,本书专门用两章介绍了埙的基本知识。值得一提的是,本书对当时流行的一些款式如双腔葫芦埙、握埙、鸳鸯埙、子母埙做了专门介绍,很有趣。以现在的眼光看,虽然有些也许现已不再流行,但当时音乐家们对埙探索的痕迹能够留下一些记录也是很宝贵的。

2. 基础技法

作为指导演奏的教科书,演奏技法无疑是本书最重要的内容。从最基本的演奏姿势、持埙方法,到关键的演奏口形与呼吸方法,本书都做了很详细的说明。

对于演奏的训练内容,则从最基本的换气、音阶一直到进阶的不同指法都设计了很系统的练习。

特别需要指出的是,本书对各种时值音符、附点、切分音等基本乐理进行了必要的讲解,这是考虑到了当时音乐普及工作尚不是很完善,同时配套了不少相关练习。

3. 进阶技法

吹奏乐器常用的各种技法书中更是一个不少地进行了介绍。如气功：气震音、强弱音控制（书中"气息控制"）、虚吹音、循环换气等。舌功：各种吐音（单/双吐、轻吐、气吐、唇吐）、花舌等。指功：赠音、滑音、打音、叠音、垛音、历音等。

4．高级技法

作为刘凤山埙艺术的招牌，他在本书中系统介绍了由他研制的十孔十二平均律埙（九个音孔一个吹孔），并以此为基础，说明了他设计的指法系统，列出了详细指法表，与之相配的各种练习尤其是半音阶练习则充分展示了这种指法的有效性，为埙的指法设立了标准。同时还有他特别强调的俯吹音技法，也做了详细说明并配以多首练习曲。

5．内容特色

值得一提的是，本书所用练习曲几乎全部由刘凤山自己创作编写，收录的埙曲作品中也有许多是由他在多年实践中创作的，其中包括最为经典的《醉翁戏鸟》。

可以说，这本书的出版发行，在当时开创了一个时代。然而刘凤山却很谦虚，他时常引用本书前言道："本书在撰写过程中，承蒙我国著名民族音乐教育家陈重、赵松庭老师的悉心指教，得到广东南方歌舞团著名埙制作家、演奏家石家环先生及济南铁路局孙羽先生的热情帮助。"许多年后的今天，本书依然广受欢迎。

总结

多年来，刘凤山为电台、电视台录制了大量的笛埙等艺术专题节目。在许多电视艺术片中，他积极地推荐使用埙来配乐，取得了很好的效果，受到广大观众的喜爱。如经典的大型电视连续剧《聊斋》中，埙那古朴而独特的音色得到了充分体现，该影片音乐在国际上荣获了大奖。

1993年，著名笛子教育家、理论家，演奏大师赵松庭先生在刘凤山的专题艺术片《笛埙梦》中评价道："刘凤山他是20世纪80年代涌现出来的笛埙演奏家。我作为他的老师，对他这十多年来的兢兢业业、精益求精的艺术追求，以至于达到今天这样的成就，表示衷心的祝贺！他的成就是创新的成就，也是我们大家一起来关心弘扬我们民族优秀文化的成就！"著名笛埙大家、音乐教育家陈重先生说："刘凤山是我国优秀笛、埙演奏家中特别突出的一个。"

"实践不停，探索不止"，对埙艺术的孜孜追求，使得刘凤山的艺术生涯更加精彩。埙丰富了刘凤山的艺术人生，而他也一直坚持带着心爱的埙，走上舞台，走向世界！

刘凤山：笛声埙韵都是情

在我国民族音乐界，只要一提到刘凤山，人们便自然把他跟笛和埙联系在一起。刘凤山在四十多年的演奏实践中，把笛、埙的演奏与创作紧密结合起来，使笛和埙的演奏艺术焕发了青春，达到了一个崭新境界。著名笛子大师、音乐教育家、理论家赵松庭先生评价："刘凤山演奏的低音大笛无疑是全国的佼佼者。"著名笛埙大师、音乐教育家陈重先生说:"刘凤山是我国优秀笛、埙演奏家中特别突出的一个。"

刘凤山1956年10月出生于苏鲁豫皖交界处的铜山县。七岁时,是喜欢吹奏笛子的哥哥,让他在悦耳、悠扬的笛声中渐渐地对竹笛产生了浓厚的兴趣,于是他便虚心求教哥哥,从最基础的地方小调及熟悉的笛子小曲吹奏练起,这一练竟练得走火入魔。慈祥、憨厚的父母担心吹竹笛会误了他的学业,曾多次干扰、禁止他吹奏笛子。可这并没有阻止他对竹笛的喜爱,只要有时间,哪怕是课间十分钟,他也会从书包里取出心爱的竹笛吹奏一会儿。家乡的村头、河边、田间、树林都成了他的练笛场所。为练好吹奏竹笛的口劲,他经常迎着劲风吹。为练习手指的灵活性,在炎热的夏天,他在手指上绑上小沙袋练习;在寒冷的冬天,他还把双手插进雪堆里抽出冻僵的手指再练。就这样,凭着对笛子的眷恋,凭着对笛子的执着,凭着对笛子的追求,他从家里吹到学校,从学校吹到铜山县文工团,从县文工团吹到了部队,从部队吹到了全国,从国内又吹到了国外……

几分耕耘,几分收获。1970年,年仅十四岁的刘凤山,便在县文工团担当了笛子独奏、领奏的重任。刘凤山1972年12月因演奏笛子出类拔萃而特招入伍到了原二〇四师文工团,1978年调入济南军区空军文工团,1982年调进了久负盛名的济南军区前卫歌舞团民族乐团并担任笛子独奏演员,火热的军营生活使他如鱼得水。1982年至1983年间,他有幸拜一代笛艺宗师赵松庭先生为师,同吃同住一年多,使他的演奏及理论水平不断得到提高和升华。不懈地追求，不断地探索，使刘凤山逐渐形成了自己独特的艺术风格。他的笛子演奏，技巧娴熟，刚柔相济，音色甜美，对音乐的处理完整细腻、丰富多变，时而委婉动听时而热情奔放，独具风格，给人以典雅柔美、激昂明快等丰富的感受，真可谓达到了炉火纯青的境界。1987年，在全军第五届文艺会演中，他创作并演奏了排笛独奏曲《山泉》，荣获两项最高奖项：优秀演奏奖、优秀作品奖。

20世纪80年代，刘凤山与埙这种古老而又神奇的乐器结下了不解之缘。通过演奏他发现，在几千年的历史长河中，埙这种乐器历尽沧桑，几乎近于绝响，其主要原因在于埙自身音域窄、指孔排列不合理、音准误差较大等实质性的问题，使埙不能得到充分展示。二十多年来，刘凤山以振兴民族音乐的历史责任感，不懈地追求并无怨无悔地钻研埙的演奏技巧，把埙的演奏与制作、改良与创作紧密结合起来，不断丰富埙的特有音色，开拓埙的演奏领域，增强了埙的表现力，提高了埙的演奏技巧，使埙不仅能吹出古雅深沉、如泣如诉的悲凉旋律，还能奏出热情奔放、诙谐幽默的欢乐乐章。他演奏的埙曲，声情并茂，余音袅袅，如水月幽钟、禅茶风竹，使人清志修心，平和安宁，返璞归真，受到军内外、国内外音乐评论家和广大音乐爱好者的高度评价和广泛赞誉。继为电视剧《杨家将》配主题音乐之后，刘凤山的埙独奏又先后被电视剧《林冲》《聊斋》等采用，并在亚运会艺术节上演出。中央人民广播电台《乐坛人物》，中央电视台《综艺大观》《中国文艺》《国乐飘香》《艺苑风景线》等栏目，对刘凤山的笛、埙艺术进行了专题介绍。济南电视台专门

为刘凤山录制了个人专题艺术片《笛埙梦》，在中央电视台及省市电视台多次播出。《人民日报》《人民日报》（海外版）、《光明日报》《解放军报》等全国几十家报刊，都对刘凤山的艺术成就进行了专题介绍。刘凤山因其艺术成就被载入《世界华人文学艺术界名人录》。

艺无止境。四十多年来，刘凤山在不断提高笛、埙演奏技能的同时，还致力于乐器的改良。他研究改良的十孔十二平均律埙，已在国内外广泛应用。他与别人合作研制的2L—1型泛音笛，1991年获得国家发明奖，并荣获山东省科技成果一等奖。

生我者父母，育我者军营。刘凤山成名了，但他始终忘不了部队的培养，始终把火热的军营生活作为艺术发展、艺术创作的源泉。四十多年来，他深入部队基层、边防哨所、前线阵地演出，先后为部队官兵演出几千场次。1985年，他在赴老山前线慰问演出中，冒着硝烟炮火为战士尽情演奏。由于笛子独奏不受场地、时间等环境条件的限制，他无论走到哪里，只要碰到战士，便随即为他们献出一支心曲。一天夜里，十几名战士轮流各点了一首喜爱的曲子，尽管刘凤山奔波、忙碌、演奏了一天，累得四肢无力、两腿酸痛，但他觉得官兵的需要就是自己的最高追求，毅然坚持用自己精彩的演出、用悠扬的笛声满足了战士的心愿。临别时，战士们望着满额汗水的刘凤山，动情地说："你就是夜空里会唱歌的星，我们永远忘不了你情真意切的笛声！"2004年10月，黄河下游洪水泛滥，刘凤山和战友们奔赴灾区一线，用优美的笛声慰问抗洪的将士们，赢得了军地、军民的热烈欢迎……

刘凤山多次参加国内外重大演出，先后获得第一届中国艺术节金杯奖、全国第三届民族管弦乐展播比赛中的两项优秀演奏奖，在中央电视台举办的全国百家电视台 MTV 大赛中获银奖，其笛子协奏曲《海疆之春》（又名《海韵》），在 2004 年 10 月第八届全军文艺会演中荣获演奏一等奖。1980 年以来，随中央民族乐团、中国艺术团、中国民间歌舞团、中国红星民族乐团出访奥地利（维也纳金色大厅）、芬兰、瑞典、挪威、冰岛、西班牙、葡萄牙、意大利、斯里兰卡及中国香港等二十多个国家和地区，参加了赫尔辛基国际音乐节的演出。在国外访问演出中，他以高超的技艺，悠扬动听的笛、埙独奏引起很大反响，受到广泛欢迎，得到了外国专家、评论家的高度评价。1997 年 3 月，同著名笙演奏大师胡天泉先生一起在新加坡维多利亚音乐厅成功地举办了"笙笛埙"两人独奏音乐会，引起了强烈反响，当地国家报纸、电视台进行了专题采访。

多年来，他在致力于笛、埙演奏和笛、埙改良的同时，还深入生活，潜心笛、埙音乐作品的创作，先后创作改编笛子、葫芦丝、埙、巴乌、排箫独奏、重奏、协奏及练习曲几百首（部）。他所创作及参与创作的埙独奏曲《醉翁戏鸟》《追溯》、笛子协奏曲《海韵》、笛子独奏曲《山泉》《春湖映柳》《高原舞曲》、竖笛独奏曲《美丽的沙力库力》等多首作品，被录制成激光唱片、盒式磁带在海内外出版发行。为了使埙这一古老的民族乐器重新恢复青春并发扬光大，他编著了我国第一部埙演奏教科书——《埙的演奏技巧与练习》，于1996年4月由人民音乐出版社出版发行，到目前为止，这本埙的教科书已再版五次。他还先后撰写了《竹笛古埙讲座》《笛子演奏与练习》《竖笛演奏与练习》《中外名歌笛子独奏曲集》《笛子演奏教程》《葫芦丝巴乌演奏教程》等专著在海内外出版发行，受到音乐工作者和爱好者的普遍欢迎。刘凤山的不懈努力取得了许多耀眼的成就：2009年在第九届全军文艺会演中荣获最高奖"表演特别贡献奖"和优秀剧目奖，2010年荣立二等功，2013年在香港国际竹笛邀请赛中荣获"优秀导师奖"，2013年荣获第十届中国艺术节"优秀表演奖"，2013年荣获第十四届文化部文华奖"文华剧目奖"，2014年10月在第十届全军文艺会演中荣获最高奖"表演特别贡献奖"。刘凤山名气大了，学术地位高了，工作更加繁忙了，但他在痴心钻研、探索、总结笛、埙艺术的同时，始终以传播光大笛、埙艺术为己任，致力于笛、埙技艺的教学，致力于新人的培养，对于前来求教的笛、埙爱好者，无论职务高低、年龄大小、地域远近，他总是不厌其烦、耐心细致地解答各种问题，示范演奏方法，纠正演奏动作，毫无保留地传授笛、埙演奏的技巧。几十年来，他先后培养了大批艺术新人。他的不少学生凭着扎实的基本功，考进了上海、中央、中国音乐学院等名牌艺术院校，还有不少学生出访美国、日本、韩国、法国、芬兰、瑞士、挪威、丹麦、乌克兰等国家，许多学生已成为军地艺术团体的骨干力量。仅2000年夏天在北京举办的全国青少年民乐艺术新人大赛中，刘凤山的六个学生参赛，就获得了一个金奖、五个银奖的优异成绩，赢得民乐界的广泛关注和一致好评。刘凤山还先后为多所艺术院校和多个艺术团体讲学、授课，受到了普遍的欢迎。他为传播、弘扬民族文化，特别是笛、埙艺术做出了突出贡献。他目前还兼着中国葫芦丝巴乌学会副会长，中国笛子学会常务理事，全国民族乐器演奏艺术水平考级专家评委，上海中华笛文化研究所研究员和常务理事，南京师范大学泰州学院兼职教授。他多次应邀到中国戏曲学院等各专业院校举办竹笛、古埙等乐器的辅导讲座，被誉为"最具影响力的中国笛埙演奏大师"。

原载于《联合日报》，2015年3月16日

刘宽忍

个人小传

刘宽忍，1963年出生于陕西蒲城。毕业于西安音乐学院，中国第一位民族管乐专业硕士学位获得者。博士生导师、教授。中国埙文化学会会长、中国琴会顾问、中国笛子学会副会长，陕西省民族管弦乐学会名誉会长。第八、九、十、十二届陕西省政协委员。第十三届陕西省人大代表。第十二、十三届全国人大代表。

其祖父是远近闻名的老中医，父亲和叔父是20世纪50年代的大学生，分别毕业于陕西师范大学中文专业和北京体育学院运动医学专业。他七岁开始随父亲学习二胡。1977年考入西安音乐学院附中，师从元修和、梁欣两位先生，学习笛子专业，1983年附中毕业。同年以优异成绩考入本院民乐系继续学习笛子专业，同时辅修古琴专业，师从李仲唐先生。大学期间，他深入系统地学习了中国的多种民族管乐器演奏，并较早地学习研究当时还鲜为人知的古老乐器——埙。1987年大学毕业，分配到陕西省广播电视民族乐团从事专业演奏。1989年考入西安音乐学院研究生班，学习民族管乐器演奏及研究。1990年，南下杭州，师从笛子大师赵松庭先生，深得先生的真传与赏识。研究生学习期间，他在埙演奏及制作方面做了大量的研发工作。1991年，研究生毕业并留校任教，从事笛子专业的教学工作。

刘宽忍的演奏，功底深厚，技术全面，在气息运用方面更有独到之处，形成了"用南曲之运气北曲之表达"的艺术特点和富于歌唱性、以情为重、情韵并茂的个性风格。既能表达粗犷、豪放、大气、激越之意境，又兼备深沉、朴实、内在、细腻之韵味。他将二胡揉弦的技法及古琴演奏的从容淡定巧妙地运用到笛埙的演奏中，形成了自己的独特艺术风格。

出版的专著有《笛子演奏法》《箫演奏法》《埙演奏法》《风竹——刘宽忍演奏埙曲精选》。

出版个人演奏专辑有《刘宽忍笛子独奏专辑》《刘宽忍贾平凹埙乐专辑》《刘宽忍笛埙专辑》《闻埙》《秦吟》《知音》等。

个人创作并演奏的代表作有《秦吟》《风竹》《子夜吴歌》等。

他同制埙大师、笛埙演奏家张荣华先生共同研制的宽音域埙、双音陶笛获国家专利，多次任全国民族器乐大赛评委，与香港中乐团、中国国家交响乐团等知名乐团合作。在中央音乐学院创立了中国第一支专业埙乐团——中国青年埙乐团。

多年来，他潜心致力于传统音乐的学习、研究、创作、推广和传承工作，是一位传统文化的践行者和推动者，被誉为"华夏吹埙第一人"。

从左到右：周世斌 刘中军 李镇 郑欣淼 张颖铮 杜次文 赵良山 刘宽忍 黄跃金 刘凤山 谷长江 张荣华

冯晓泉 曾格格 王其书 陆金山 周世斌 田爱习 马文辉 朴东升 刘宽忍 杜次文 赵良山 李镇 刘凤山等

前排从左到右：肖云儒 张荣华 周明 阎慧昌 刘宽忍 董伟
刘文金 钟明善 张殿英 鲁日融 左青 程大兆

（刘豪、罗井昕整理）

相关典章

秦人笛声有奇韵

乔建中

  与宽忍相识相交，已近十载。十年间，见面次数不算少，交谈内容也很广，大到陕西音乐文化建设的谋略，小到一个鼓乐社手抄谱的保护。有时可以一聊两三个小时，有时仅仅打个招呼道一声好，也就是在这亦长亦短的来往中，在根本不用确认的同乡、校友、同行多重关系中，相互间有了一种亲近、信任、尊重的情谊。唯一没有"碰"过的，就是他十四岁就已经步入，并且是全国第一位民族管乐硕士的专业——他的"笛艺"。真的，我从来也没问起他近期有无练习、演奏竹笛，或他对当前竹笛教学、演奏的看法，他也没有一次主动给我说起这类事。这样，原本应该是我们交谈的一个"中心议题"，却成了十年交往中的"盲点"。责任在谁呢？恐怕主要在我。因为我有一个习惯看法，或者说是偏见，即学者、艺术家一旦当官，特别是高一点的官，就会把自己的专业"闲置"于行政工作之外。况且，宽忍任副厅长已有十载，可能于演奏已相当"疏远"了。

未料，十月间的一天，利用参加西安音乐学院六十周年校庆的空闲，他邀我参观刚刚落成的西安交大"秦腔博物馆"。途中，车内突然响起笛曲《春到湘江》，接着又有《姑苏行》《秦吟》等。我先是被演奏者娴熟流畅的演奏技艺和甜美纯净的音色、音质所吸引，而当他告诉我这些曲子就来自他最近刚录完的一部专辑后，我确实吃了一惊！不是因我低视了宽忍，而是如此技艺、音色、音质三位一体所达到的演奏境界，正好与我多年期盼的听赏追求相契合。

宽忍的音乐里有一种宏阔雄远的气度，用平常的说法，就是很"大气"。无论东、西、南、北诸曲有多少语言、风格上的不同，只要乐声一起，这种"大气"就会扑面而来，直指心扉，让你很自然地进入它所要诠释的"语境"中。这种"大气"，融气度、气质、气骨于一体，构成一种宝贵的演奏观和高洁的审美境界。谁具备了这样的观念和境界，谁就能让表演艺术中理性与感性、技巧与艺术、绚丽与平淡的相互关系保持高度一致，在二度创作中显现出自己独特的艺术个性。

那么，宽忍音乐中的"大气"源自何处？我想，一是"地缘"，二是"社缘"。我们都知道，伟大的中华文化是由许多地域文化组成的。秦是其中非常重要的一个。昔日，秦文化曾被誉为"力量与气势的交响"。秦地民俗、民风、民性、方言、歌唱、器乐，同样充满了"力量与气势"的混响。宽忍在这里生活、读书、工作四十多年，他个人的性格气质于无形之间受这一"力量与气势"文化特质的沐浴、熏陶，这种"大气"，自然在情理之中。这就是我要说的"地缘"。所谓"社缘"，我这里特指他进入"仕途"后，因为长期参与全省文化大业的策划、组织、推行而历练出来的胆魄、气度、眼光和见识。繁重的行政工作让他失去专业实践的宝贵光阴，但他因上述经历而获得的生命体验，却又成为磨砺自己演奏艺术的一种高品质的养分，是那些长期围于乐池的同行不易获得的另一种涵养。当然，万事皆因人而异，宽忍的"得失"，乃个人品性使然，他人如何，还是让他人品评吧！

总之，从政也好，从艺也好，都有一条铁律，那就是只要真诚、勤奋待之、行之，就会有所获。宽忍之所以能奏出让我"惊奇"的音乐，肯定是上苍对真诚、勤奋精神的一种善意的回报。

吹土为声①

贾平凹

埙是泥捏的东西，发出的是土声地气。现代文明产生的种种新式乐器，可以演奏华丽的东西，但绝没有埙那样虚涵着的一种魔怪。上帝用泥捏人的时候，也捏了这埙，人凿七孔有了灵魂，埙凿七孔便有了神韵……

我第一次听到埙声，也就是认识刘宽忍的时候，那是上个世纪的 1992 年。整整的一个秋天，我的苦闷无法排泄，在一个深夜里，同一位朋友在城南的一片荒地边溜达，朋友并不是个好的倾听者，我才要返回家去，突然听到一阵很幽怨的曲子，当下脚步便站住了，听过一段就泪流满面。朋友笑我太脆弱，说那是音乐学院的人在练习吹埙，差不多的夜里都要来吹一阵的。埙？埙是什么？隔着苍茫月色往荒地的南边看去，地头上是站着一个人，我走了过去，这就是刘宽忍了。他有着和我一样高的个子和一样憨厚的脸，但比我年轻。我们的谈话极少，他似乎并不欢迎在他练习吹奏时被人打扰，只是对我说了"谢谢你喜欢埙乐"，就走开了，身影消融在月色里。我的朋友嘲笑我自讨没趣，我们一块儿踏着坚硬的土地已经折回有二百多米了，埙

---

① 本文为贾平凹为刘宽忍出版的图书《埙演奏法》作的序。

乐又在远处响起，如泣如诉，摄魂夺魄。我说："我一定会和他交上朋友的，因为这埙乐像硫酸一样能灼蚀我！"

不久，我去音乐学院寻他，我们果然成了朋友。

以后的岁月里，我们几个朋友成立了一个乐社，隔三岔五地在一起闹，曾用泥巴捏埙，到处去观赏或购买笛、箫和古琴，随着心性乱哼哼着记谱作曲。当然我是最笨的一个，宽忍如何地教我吹埙和弹琴，终是学不会，我就成了乐社里只会欣赏的人。

这期间，我开始构思和起草了我的那个小说《废都》，小说里自然就有了关于吹埙人的描写。可以说，在整个小说的创作中，埙乐一直萦绕在心头，也贯穿于行文节奏里。小说完成后，几乎还在出版的过程中，我们决定了出版一个盒带，就自己作曲，也请一些名家作曲，全部由宽忍来吹奏，几乎是着魔一样，我们几十天没黑没明地劳作，等将盒带录制好，我是住院了，宽忍大病了一场。这就是当时广泛流传的以至现在又刻成光碟的被国内外众多艺术家喜爱和珍藏的埙乐专辑《废都》，部分曲目收录在《刘宽忍笛埙专辑》中。

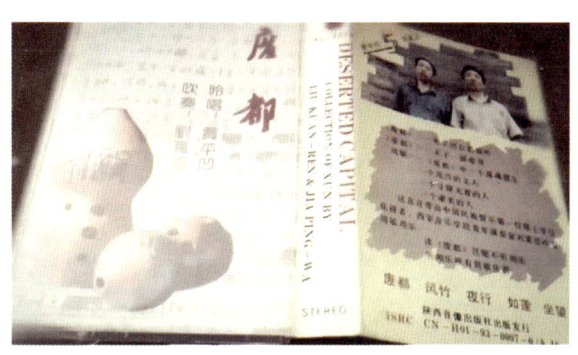

这些都是十多年前的事了，如今那个乐社已不复存在，我还在苦苦地写小说，宽忍却以他在业务上的成就和组织能力的不凡，走上了领导岗位。当他成为政府的一位官员的时候，我既为他高兴又担心会不会影响他音乐才能的继续发展。事实证明，他是一个能量巨大的人，行政工作不但没有限制业务上的钻研，人生的丰富经历更使他的音乐有了精深的内涵。对于埙的理解，对于埙的演奏，我不敢说他已达到了何等的高度，但在我所听到的关于埙乐的吹奏，他是最好的。

十多年前，埙对相当多的人来说是陌生的，如今很多电影电视配乐中都有了埙的乐曲，埙也进入了大学的讲堂，可以说，埙的改造和埙乐的普及，刘宽忍是有一份贡献在其中的。为此，我敬重着我的这位老友，也向他表示由衷的祝贺。

此曲只应天上有　人间哪得几回闻（节选）
——记"中国民族音乐百场巡礼·土韵——刘宽忍埙乐独奏音乐会"

文　若星、贾英　　图　李明睿

为纪念中国国家大剧院落成启帷四周年，在2011年初雪晶莹的冬日，由中华人民共和国文化部主办，国家大剧院、中国国家交响乐团、中国国际文化艺术公司承办，中央音乐学院、中国埙文化学会协办的"中国民族音乐百场巡礼·土韵——刘宽忍埙乐独奏音乐会"，在中国国家大剧院隆重举行。

　　这场大型音乐会，既蕴含渗透着来自遥远的中国西部关中平原那厚重浓郁的古风土韵，又飞扬承载着西方古典音乐恢宏华美壮丽的辉煌元素与架构。音乐会的指挥由香港中乐团艺术总监兼首席指挥阎惠昌担任；国家交响乐团伴奏；古琴大师李祥霆、著名古筝演奏家王中山、著名琵琶演奏家张强倾情协作；另有中国青年埙乐团鼎力加盟，使得本场音乐会别开生面，精彩绝伦！

一位使国宝放射异彩的音乐人

　　刘宽忍，是我国埙文化研究的领军人物和埙文化传承人。二十余年来，他潜心致力于埙的研究、改革、推广和传承工作。他研制的宽音域十孔埙提升了埙乐的表现力，获得国家专利，在业界享有极高的声望。正是他，为埙拭去了厚厚的尘埃，令埙重新焕发出异彩。

茅盾文学奖获得者、陕西省作家协会主席贾平凹，在他的著名长篇小说《废都》中，有着这样的描述：

"黄昏，走下城墙，见一吹埙人，蹲在城墙根，专注于吹埙，埙声呜咽，如诉如泣，却又风骨铿锵，似为对这饱经沧桑的古城墙最好的注释。埙与缶都是秦地独有的乐器，用陶土烧制而成，中空，除吹孔外另开六个出气孔，演奏时用手指按住六个出气孔，依音律打开六指，与吹喇叭形似。"

自身的悟性灵通，不懈的勤奋努力，长期的教学科研，让刘宽忍精通于埙、笛、箫、古琴、二胡等多种民族器乐的研究与演奏，并使众多器乐融会贯通，演奏时极具歌唱性和生动性。他所吹奏的埙乐，悠远、空灵、余音袅袅，不绝如缕，将埙那种神圣、典雅、神秘、高贵的精神气质演绎得淋漓尽致。

一位中华传统文化的传承者

刘宽忍对于埙乐这种传统文化的理解、传承，有他的现实意义，在他的人生观世界观里，充满了善良和谐的音乐元素，充满了感恩的艺术色泽。

"中华民族有自己的骨架、有自己的血肉、有自己的色彩、有自己的声音。"

"土韵",是一种接地气的埙乐演奏,更是刘宽忍对文化精神的守护,同样也是陕西文化艺术界蕴涵的写照。吹土为声,是埙的写照,也是刘宽忍精神品质品格的写照。

"土韵"里的《土风》,表达了演奏者对故土风情的追忆,寄寓着他的情感和思想。土之风情,悠悠埙音,让人心潮澎湃。

《忆》,是唯美的感情世界的延伸。在这里,演奏者记录了他生活的喜怒哀乐和对万生万物的留念,端得是曲以情境,舒缓而来。

《古渡秋》,描写了"长安八景天下悠,雁塔晨钟响古都。咸阳古渡逝流去,留下一曲古渡秋"。萧萧秋色之景,古渡河岸,船只与行人,渐行远去。用拟人化的手法,吹出了秋时秋意和心灵的幽怨。

《子夜吴歌》,描绘了江南的清丽婉约。月朗星稀寂寂之夜,思念之情的浓烈,被演奏者表现得空灵神奇,让人怦然心动。

《满庭芳》,"行处去,花深隔院,应恨春闲"。是一种悲伤的情绪,浸润了心灵,叹时光易逝,人生苦难,可谓意味悠长。

《如莲》,莲影卓立,月色皎然,心如止水,身忘神安的情态,是一份永恒的宁静,是一份永恒的超脱,心思如莲般呢喃。

《风竹》,把意象的美引申而出,簌簌风声,绿绿翠竹,静静冷月,淡淡心趣,感而有应,悟之有理,通融了演奏者其时其情。

《苏武牧羊》,记载着历史的漫天风雪,英雄者与孤苦者同生,悲情感天动地，用低哀幽怜的演奏方法，还原了苏武这一民族人物的伟大精神。

而《远行》的创作，则来源于一次商洛山中的聚会。刘宽忍听到朋友妻子即席演唱的一首哀婉凄绝的歌曲。这位朋友来自宁夏，在那里，一直流传着一则家喻户晓的故事，那是关于西部歌王王洛宾与民间"花儿"歌手"五朵梅"的故事。

据此，他创作出了埙曲《远行》。

一场埙乐独奏音乐会，代表了刘宽忍埙乐演奏的最高水平，艺术修养的高度和对音乐的敏锐与深化。他讲授、传授埙乐的音乐魅力，让专业、业余爱好者的队伍愈来愈庞大，成为发展和推动埙乐的生力军。

原载于《陕西民乐》，2012年第49、50、51期（合刊）

刘宽忍埙乐专场音乐会学术研讨会纪要（节选）

发言整理　刘玲、魏欣、曹甜　　图　李明睿

董伟（文化部艺术司司长、研讨会主持人）

中国民族音乐百场巡礼刘宽忍专场音乐会于昨晚在国家大剧院隆重举办。这是我国音乐史上首次埙乐专场音乐会。从昨晚演出到场听众的热烈气氛中，可以看出大家对埙

乐的喜爱，对刘宽忍精湛的演奏技艺的赞赏！

埙是我国最古老的吹奏乐器之一，它的历史可追溯至七千年前的原始部落社会。商周以来，埙在宫廷雅乐、祭祀音乐中被广泛使用。它以浑厚、深沉、哀怨、凄婉的音乐品质，独步于中国民族乐器之林。长期以来，埙无定制、制作不规范等问题束缚着埙乐的发展。20世纪80年代以来，埙受到专业音乐界的特别关注，通过创作、表演及乐器的不断改良，埙以崭新的姿态进入专业院校的课堂和音乐会舞台，由此掀开埙乐历史新篇章。

刘宽忍作为陕西省文化厅副厅长，为陕西的文化发展与繁荣发挥了积极作用；作为音乐家、传统文化学者，他为非物质文化遗产保护、推进埙文化发展做出了不懈努力。二十余年来，潜心致力于埙的研究、改革、推广和传承的工作，他研制的宽音域十孔埙提升了埙乐的表现力，获得国家专利，在业界有很高的声望。他演奏的埙乐，打破了埙乐演奏的固定模式，颠覆了埙乐哀怨凄楚的风格，从演奏技巧、表现内容、表现力等多方面都得以丰富和提高，被誉为"华夏吹埙第一人"。

今天我们在这里召开刘宽忍埙乐专场音乐会研讨会，目的在于弘扬优秀传统文化，扩大埙乐的影响与宣传、促进埙文化的传承发展。

余华青（陕西省文化厅厅长）

虽然我和刘宽忍同志共事多年，但是专门听埙乐专场音乐会却是第一次。首先，我感动于中国传统埙乐的艺术魅力。闭上眼睛,细细听来,埙乐的震撼力、穿透力、影响力于缥缈间、恍惚间袅袅而来,它是从远古走来,从泥土走来,从天籁走来,从魂魄走来;再次,我被昨晚的音乐会所感动,同时也被刘宽忍同志多年来为了保护和传承埙乐所做出的辛苦努力和取得的巨大成绩而感动。刘宽忍同志不仅是一位优秀的艺术家,还是一位卓越的领导者,多年来在担任陕西省文化厅副厅长的工作、在推动陕西文化艺术的发展方面,占用了很多时间、很多精力,做了很多的工作,能够始终坚持并取得今天这样的成绩,令我非常感动。

阎惠昌(香港中乐团艺术总监、著名指挥家)

能与我的老乡、老朋友、"中华第一埙"刘宽忍先生一起做这样的音乐会,我非常开心!几年前,我们在西安谈起埙的时候,我还拿了一首曲子给刘宽忍。那个时候我最欣赏宽忍,他在家里又吹埙,又弹古琴,对于中国传统文化的执着、执迷,蕴含的这种底蕴,给我留下了深刻印象。但几年之后,他给我寄过来的乐谱,绝对是把埙提升到了非常高的层次。以我的所见所闻,能够将中华的古埙演奏得如此吸引人的人,好像没有第二个。从他节目的设计,从一个人的古埙,到古琴、古筝,到一家埙乐团的创立,到最后和交响乐团的对话,展示出了古老乐器艺术的张力。

所以说,这个音乐会是前无古人的,是历史上的第一次。六千七百年前的中国古埙,在今天的21世纪发出了智慧的光芒。

刘文金（中国民族管弦乐学会副会长、著名作曲家）

昨天我去国家大剧院之前，是抱着一种怀疑和猜疑的态度的。但是到场一听，震惊了！从主角宽忍的演奏，到阎惠昌的指挥，包括交响乐团的表现，都非常精彩！而张荣华先生的制作也起了非常大的作用。从乐曲上，不光是程大兆先生参与创作，也包括其他团队、个人。我没有想到，能够创作出这般令人振奋的音乐作品！

这个搭配，我原来是抱怀疑态度的。后来一听，有些配器很精美，交响乐的配器甚至有一组乐器的节奏相当复杂，和埙这个古老的乐器形成了反差、形成了对比。这是从另外一个角度来诠释这种音乐，我觉得非常难得！此外，我对乐队的音响和配器也非常关注。我没想到，埙在高音区还能够做小小的华彩演奏，这是非常让人振奋的。现在经常听程大兆先生的作品，我没有想到他还写过埙，相当精彩！

所以，无论是音乐会的编排，还是音乐会的组合，包括张强、李祥霆等，都是最优秀的演奏家，他们和宽忍先生合作起来得心应手。各种组合，埙乐的组合，交响的组合，都没有想到！这样不光

是打消了我的疑虑，而且使我很振奋，希望将来在有生之年，能够免费为宽忍先生写些作品。

刘峪升（中国民族管弦乐学会秘书长）

作为一个民乐人，昨天看完之后非常感

动,无论是个人策划,还是整体策划,都非常好!好在什么地方?有特色!从个人的艺术创作来讲,所选择的也是特色,从特色的角度张扬艺术的表现。从整体策划来讲也非常高明,把中国非常具有代表性的、最古老的世界级的乐器之一,作为整场音乐会呈现给社会大众,这个立意和策划是非常高的。

刘先生的演奏,从乐器的制作和乐器改革的发展方面,与原来的埙相比,在技术上、音域上变化非常大。因为经常可以看到,有的人写埙,只是作为一个特色来搞两下子,埙的音乐和技术都局限在自己的小圈子里。而昨天音乐会上,作为一个独奏乐器,作为一个单项的整体,把乐器当今发展的新水平状态展示得淋漓尽致。所以,这一点也很令人振奋、震惊,得到了很多新的认识,音域上明显地扩大了。

从演奏的角度上,刘先生的演奏已经达到了很高的水准。从演出的技术,到最后的乐器把握,相当不容易。所以,从技术角度我也非常赞赏刘先生的功力。

程大兆(著名作曲家)

在此,我宣读一下中央音乐学院戴亚教授的贺信:

"尊敬的各位领导、专家、同仁们,大家好!刘宽忍的音乐会我本应到场亲自祝贺,不巧的是今晚我的硕士生笛子音乐会正在彩排,非常遗憾!首先祝贺宽忍兄的音乐会取得圆满成功,我与宽忍兄是同门师兄弟,我为他的成就感到由衷地高兴！

除了祝贺以外，我想借此机会说说埙乐团。目前，中央音乐学院埙乐团使用的埙都是制埙大师张荣华所制，音准好，形式齐全，可以达到四个声谱的组合。2005年宽忍请专业作曲家为埙乐团作了两个曲子，并亲自领奏，受到了民乐界的极大关注。埙乐团已具备了高品质的乐器、专业的演奏水平，现在制约埙乐团发展的最大困难就是作品太少，希望有更多作曲家能够关注埙乐团，创作出更好更多的作品，共同推动这一既古老又年轻的埙乐。"

刚才念的，基本上能够代表我的一些想法。首先，文化部能够选择埙作为百场音乐会的一个选题，非常好！因为埙和其他中国乐器不太一样，比如琴棋书画，琴是一个文人的东西，二胡、琵琶等和外来文化有联系，在乐器的触点上都和西乐、欧洲有联系。琴是我们自己的，但是它已经作为一个文化符号，一直代表着中国文人的清高、儒雅。但是唯独埙只听过没见过，埙不归到文人文化中，也归不到民间文化。所以，它是一个很奇特的东西，但是文人也吹，老百姓也吹。我们要真正把中国的文化不断地光大发扬，因为只有文化的东西才震撼人。刘宽忍除了他自己有几十年的硬功夫以外，

他对埙的热爱也体现了对中国文化的热爱，我觉得这样的演奏家是我们大家要推举的。

杨红（中国音乐学院教授）

昨天，我听到了刘先生把七千年前的传统乐器、古老的埙，在当下，与世界平台对

接而搭建起来,所举办的这样一场专场音乐会,并将其首次搬进国家大剧院的舞台,有着太深刻的历史意义!

第一,昨天的音乐会体现出了博大的时空观。刘先生的埙乐,深深地立足于传统,体现出强大的文化自觉。所以,我们听到的是震撼的历史气魄和民族精神;第二,体现出非常博大的创新。刘先生的音乐会,从头到尾,体现了从内容到形式的创新。比如,与历史的对话,从独奏到与民族器乐之间的重奏、协奏,还有中西对话,和大型的管弦乐队配合,有更博大的传统与现代的碰撞。所以,文化创新应该是当下民族音乐发展、创新、继承、走向世界的重要途径;第三,体现出非常强大的文化自信和文化自强。昨天的音乐会是一种历史的呼唤,引领了时代的潮流,同时引起我们的反思:我们从哪里来?到哪里去?我们对非物质文化遗产的传承和发展提出了很多的设想,但是刘先生的专场音乐会提供了良好的楷模和借鉴的范例,他从理念到形式,都体现出立足传统、接通中西以及强大的民族自信。

倪志杰(中国国家交响乐团中西笛演奏家)

20世纪60年代我在音乐学院附中上学时曾经有过一枚五孔的复制陶埙,老师给我讲:原始的埙是从手埙(两只手握拳,利用左右拇指中间空隙吹出声音)发展成一个音孔、三个音孔、五个音孔的陶埙,老师讲吹埙很费气,所以我就没有吹埙。几十年来我一直对埙有着一种情结,在我听完宽忍的埙演奏后使我为之振奋!

宽忍是一个将幻想变为现实的人,在他的埙演奏中利用了"颤音""腹震音""打音""泛音""上、下滑音""花舌""复合多音""循环换气"等技巧,他的运气完美地达到了五腔合一(腹腔、胸腔、口腔、埙腔、埙体外腔),他极尽现代边棱吹奏乐器之华丽高难技巧,来抒发自远古至现代丰富的情感。业内众所周知,边棱乐器的音准在所有的铜木管乐器中是最难吹准的,即使是现代的五六十万的白金长笛,如果吹奏调整不好也很难吹准,所以在学院派的教学中有一个理念,音准一定要调整调整再调整。宽忍将最原生态,音最不容易吹奏准的埙,与阎惠昌先生指挥下的国家交响乐团合作演奏得天衣无缝,实属难得。当我看到国家大剧院几十人的埙乐团为宽忍协奏程大兆先生的《忆》等埙乐作品时,深感中华民族的精气神。

周明(中国现代文学馆副馆长、中国散文协会常务副会长)

昨天晚上的音乐会,我觉得是一场别开生面的音乐会,对于像我这样充其量是一个音乐的爱好者来说,非常震撼,非常迷人!

我有两个没有想到:第一,这样一个小小的古代乐器在刘宽忍的手中,经过他精心地吹奏和演奏,发出那么动听、悦耳、优雅的天籁之声。我在西安的展览馆曾经看到过埙,但是我没有想到真正的埙到刘宽忍手里,能够这么震撼人心!我觉得刘宽忍对于埙的改造和发展、弘扬,做出了卓越的贡献!第二,会场气氛那么安静,那么鸦雀无声,刘宽忍第一次吹奏,一下子静场,把大家都吸引过来,没有想到那么好听,而且他吹奏得那么精彩。昨天晚上每一支曲子都很完美,整个演出非常精彩,看出他的功力、刻苦和努力。

埙这个乐器不被很多人所熟悉和了解,经过演奏家,它才能够发出这样的声音。刘宽忍先生在这方面的贡献是不可磨灭的。

肖云儒(著名文化学者、评论家、书法家)

一,我是陕西人。二,我是行外人。特别是到了这么多专家面前,我不堪说音乐。但是我非常喜欢埙,埙的内敛、闷闷的声音,比西洋乐都要内向,好像是一种直达心灵的乐器。

在昨天的演出中,我脑子中经常浮现出这样一些字。

它让我想到和。和谐、和顺、宽容、宽泛、宽忍,正好是埙文化的一个重要内容。它是一切冲突化解之后的平顺、平和的境界,它是中国人的境界,东方人的境界。东方人善于通过心灵化解各种矛盾,再通过乐器表达出来。所以,宽忍和埙应该说是同名,在文化上是同名。

它也让我想到礼。因为埙是祭祀和典礼的乐器,而《礼》《乐》早于《诗经》,让我想到尚德从礼,很深的文化感。一种祭祀中的心灵寄托的安宁。

它也让我想到慢生活。它的节奏是很有针对性的。

它还让我想到忧患感。在这样一种文化背景下,这种忧患的、幽怨的感觉,不是一种哀伤,而是一种提示,让我们想到得更远一点,让我们有远虑。

昨天那场音乐会,既是音乐专场音乐会,是非遗保护的一种宣示会,更是中国古典文化东方心态在现实生活中和现代听众的一种深层接轨。

张殿英(中国民族管弦乐协会专家委员会副主任)

大家都知道,古埙在我国已经有几千年的历史了,但是由于历史的原因,很长一段时间失传了,直到20世纪五六十年代,一批老一辈的民族音乐家才重新开始研究、复制埙。

对于一个搞民乐的人来讲,我过去听到过一些古埙作品,但大多数都是小型的,作品比较短小,内容比较单一,人多是深沉、哀怨、苦难的。昨天刘宽忍演奏的古埙音乐会给我耳目一新之感,我感到古埙作品之规模、内容、艺术质量,以及古埙的演奏技巧、艺术表现力,通过这场音乐会,进入了一个新的层次,整场音乐会给我的感觉是非常美好的。

对刘宽忍先生的演奏,我感到他是一位用心灵歌唱的演奏家。从音乐会的第一个音开始,到最后一个音结束,刘宽忍先生都非常精心、非常细致,认真对待每一个音符,也非常投入,非常有激情。所以,他的音乐深刻动人!埙已经不是一个身外之物了,而是他身体表情达意的一部分,他的音乐真正是从心里流出来的。因此我说,刘宽忍先生是一位用心灵歌唱的演奏家,演出了一场高水平、圆满成功的古埙音乐会!

于庆新(《人民音乐》编委)

昨天的音乐会,我经历了几个第一次。

第一,我们认识十多年了,知道他是这方面的专家,但是真正这样完整地听埙是第一次;第二,以前听埙,都是交响乐队中,埙作为一个特色乐器,蜻蜓点水地来几句,装饰一下,一般情绪都是比较哀怨、远古的。但是真正从头到尾,都是埙的专场演奏,昨天也是第一次,具有开创性的意义;第三,刘宽忍埙的艺术魅力,昨天让我确实深受感动。而且,昨天的埙不光是在形式上有独奏,还有室内乐的小的合奏、重奏,还有和大的交响乐队、管弦乐队的演奏。形式多样,乐曲的风格也多样各异。不光是之前埙比较浑厚、比较苍凉的情绪,也有比较欢快的。昨天观众在快板的时候给予掌声,这在我以前所听过的埙的乐曲中还是第一次。

我也希望能够通过这场音乐会,不光是在陕西,也能够在全国,进一步地推动民间艺术的发展。

原载于《陕西民乐》,2012年第49、50、51期(合刊)

陆金山

个人小传

陆金山，1937年12月出生于河北阳原。中国音乐家协会会员、中国发明协会会员、中国竹笛学会顾问，天津市音乐家协会民族音乐委员会委员、天津音乐学院研究生导师，第三届天津市高校高级职称评委会艺术学科专家组成员，享受国务院政府特殊津贴。

陆金山酷爱艺术，十三岁习笛。20世纪50年代初，他在张家口市读中师时常登台表演笛子独奏和男声独唱等。1956年，他考入河北艺术师范学院，后转入天津音乐学院，师从著名笛子演奏家金沙教授。1961年，他从天津音乐学院毕业，并留校任教。1987年，他应邀赴美国讲学、演出，在巴尔的摩、费城、洛杉矶举办独奏音乐会，并在天津举办独奏音乐会，荣膺"真正的音乐家""音乐敏感度强并富有诗情画意的演奏家"等美誉。他长期从事笛、箫、埙等中国民族吹奏乐器教学、表演、理论研究、音乐创作和乐器改良工作。他改良发明和首创成功的陶吹奏乐器十二孔埙、鸳鸯埙，1986年获第二届全国发明展银奖，1987年获文化部文化科技进步奖，1988年获国家发明专利。他著有《笛子自修教程》《笛、箫、埙、笙、唢呐吹奏指南》《笛埙情韵——陆金山从艺录》《笛子演奏技巧与艺术表现》等图书，《笛子自修教程》为我国畅销音乐工具书之一。此外，他还撰有《谈十二孔埙和鸳鸯埙的研制》《不朽的笛音——记著名笛子演奏家刘管乐》《"吹破天"——笛子大师冯子存》等论文，创作《苦去甜来全靠党》《运粮忙》《塞北春歌》《独乐寺怀古》等笛、埙、笙曲数十首。

陆金山长期活跃于舞台，以音质淳美、感情真挚、注重提示作品深层次内涵的艺术风格著称。他从事笛、箫、埙、笙、巴乌、尺八等中国民族吹奏乐器教学工作近五十年，为国家培养了大批优秀专业艺术人才，多次被评为"教书育人"模范教师。中央电视台为其录制立体声专题音乐节目《陆金山演奏的埙独奏曲》，天津电视台为其拍摄电视专题片《古埙放新声》。

由于教学科研、艺术实践、音乐创作和乐器改良等方面的工作成就卓著，1992年国务院授予陆金山"有突出贡献艺术家"称号，其传记、传略还收入《中国音乐家辞典》《二十世纪中华国乐人物志》《世界华人文学艺术界名人录》，以及英国剑桥国际传记中心《世界名人录》等国内外多部典籍。2006年，中国音乐家音像出版社为其出版激光唱盘《笛情埙韵——陆金山笛埙独奏精品专辑》。

2019年7月25日,陆金山因病逝世。

(王玉、罗井昕整理)

相关典章

古乐奏新声①
——访十二孔陶埙的研制者陆金山

许惠林

记得去年5月在首都的音乐舞台上,用十二孔陶埙演奏的《独乐寺怀古》,表现了蓟县独乐寺的古朴神韵和壮观景色,因而博得了观众的好评。在首都全国文化科技成果展览和技术交易会上,我特意采访了天津音乐学院来京参展的十二孔陶埙的研制者陆金山同志。

当我进入艺术馆时,陆金山同志正在为观众讲解埙的历史。他说:"埙是我国特有的一种空腹吹奏乐器,属边音气鸣类。因为以陶制的最为普遍,一般称为陶埙,其实还有石制、骨制等。我国先后在山西万泉荆村和太原义井文化遗址、陕西西安半坡仰韶文化遗址、浙江余姚河姆渡文化遗址出土了若干枚陶埙,经测定,均制作于距今七千年左右的新石器时代。在甘肃玉门火烧沟文化遗址也发

---

① 本文收入陆金山2015年出版图书《笛埙情韵——陆金山从艺录》。

现了四千年前的彩陶埙。在河南辉县琉璃阁和安阳小屯殷墓分别出土了三千多年前的武丁时陶埙。日本下关还发现了中国春秋时期的七孔埙,这种埙已经能完整地吹奏七声音阶和部分半音,音域从胴音算起已达七度。20世纪初期,民族音乐家王巽之、孙裕德研制的九孔和十孔陶埙相继问世,音域可达八度和八度半。中国音乐学院曹正先生研制的十孔埙已达九度。几千年来,埙的形状由管形、椭圆形、扁圆形……发展到现在的平底梨形。"

陆金山稍微停了一下,转向展品指着他研制的十二孔陶埙说:"我研制的这种埙不仅能够准确地吹奏全部半音,还能任意转调,演奏变化半音。而且其音域也由十孔埙的九度扩展到十度。若加算胴音附吹时尚能发出的七度音(其中最低的四度音较难奏出且音量微弱)的话,共为十七度,按半音计算,加上胴音超吹能发出的泛音,共二十八个音。这就使这种古老的乐器走进了现代乐器的行列。"

"你是从什么时候开始对埙的研究、仿制和改良呢?"我问。

"那是1984年底,我从王小月同志那里借得一枚曹正先生自制的十孔陶埙,后来对它产生了浓厚的兴趣。我感到孔数不等、音域各异的历代陶埙在历史发展的特定阶段均放射过灿烂的光辉,应该使它在新的时代重放光彩。在院领导和同志们的启发、帮助下,我开始了这项工作。"他说。

是的,埙最大的优点是它具有区别于其他吹奏乐器的独特音色——醇厚、圆润、古朴、庄重。缺点是音域狭窄,不能顺利地吹奏全部半音,指孔排列不科学。陆金山同志在前人改良的基础上,缩小了低音指孔孔径，使低音再低，扩大高音指孔孔径，使高音再高，从而扩展了音域。具体制法是将左手的小指利用起来，在最适宜的地方增设一个稍大一点的指孔而扩展出一个半音。再将十孔埙上原由右手小指控制的那个较小指孔扩大，就又增加了一个半音。为了健全半音，还在右手无名指第二节指肚处，增设一个较小指孔由无名指控制，形成一指控制二孔的局面（含右手无名指第三节指肚控制原有指孔）。再加上采取了新的指孔排列方式，使之真正做到了王光祈所谓的"以手捧而吹之"。演奏时，手松、指灵、肩平、气沉以及埙稳等特点便会体现出来。

"陆金山同志，大小不同的埙是否可以配套演奏呢？"我问。

"是的。我对制作各种调高不同的埙做了尝试，已制成大小陶埙三十七枚，仅胴音之差就达三个八度。"他说。

陆金山同志制作的低音大埙音色醇厚、宽广；高音小埙音色高亢、明亮、穿透力强；中音埙的音色甜美，富有歌唱性。一个人分别吹或几个人同时吹大小不同的埙，不仅能使埙的音色有更丰富的变化，而且能使埙的音域大大加宽，几个人同时吹还能奏出一定的和声和复调，赋予乐曲以很强的立体感。这样一来，埙这种古乐器的表现力就大大增强了。

原载于《中国科技报》，1986年10月31日

王厚臣

个人小传

王厚臣，1956年3月22日出生于黑龙江鸡西，祖籍山东莱阳。国家一级演奏员，中国音乐家协会会员，中国民族管弦乐学会理事，中国音乐家协会、中国音乐学院考级专家委员会高级考官，陕西省歌舞剧院民族管乐演奏家、作曲家。

1966年，王厚臣随父母支援大西北来到西安。1973年，他考入西安音乐学院，师从元修和、张之良、陈重先生学习竹笛、打击乐、笙、埙等专业技术，获得双专业学位。

王厚臣在陕西省歌舞剧院古典艺术团工作时，第一次接触到了埙，在取得了详细的资料后，他创作了埙独奏曲《沉香泪》，并将其首次搬上陕西舞台。1987年9月，王厚臣受邀于文化部艺术研究院，对从姜寨仰韶文化遗址中出土的陶埙进行了发音、性能及音高的测定。

王厚臣在创作方面也有独到之处，他的作品风格鲜明、旋律流畅且寓意深刻、立意不凡，代表作品有《沉香泪》《望月》《远古的回声》《原始狩猎图》《苦菜花》《灞柳情》《天乐》《秋风引》等，多首作品被定为国家考级曲目并在国内各项赛事中获奖。

1994年4月，王厚臣录制了埙专辑《远古的回声》。1996年10月，他录制了笙盒带《春莺啭》。其所创作的笙作品1997年被《中国笙演奏家名曲荟萃》所收录。2002年，王厚臣所编的图书《埙曲集》由世界图书出版公司出版发行。2003年，王厚臣编著的图书《葫芦丝巴乌教程》由陕西旅游出版社出版发行。此后，由赵季平先生监制的《王厚臣作品专辑》由陕西出版集团出版发行。王厚臣被收入《中国音乐家名录》《中国地方艺术人才年鉴》《中国音乐家辞典》。

王厚臣从艺以来，以扎实的基本功、娴熟的技巧、对作品深刻的理解，以及严谨的舞台作风，出色圆满地完成了八千多场次的独奏任务，在长期的艺术实践中，逐渐形成了自己独有的艺术风格。他的演奏洒脱豪放、动情婉转，有极强的艺术感染力。

从艺几十年来，王厚臣先后多次出访日本、泰国、新加坡、

韩国、阿曼、印度、美国、西班牙、法国、德国、比利时、荷兰、瑞士、奥地利、卢森堡、丹麦、瑞典、挪威、冰岛、罗马尼亚、保加利亚、澳大利亚、新西兰等国家,以及中国香港、澳门、台湾地区。

(王玉整理)

西安埙文化四十载印记
——王厚臣口述记录

刘豪

"长安一日,往古千年。"昨天的新闻,就是今天的历史。我们都是历史的见证者,也都是历史的参与者和创造者。

从地域方面看:一代代关中人生于土,长于土,死于土,面朝黄土背朝天,与土地结下不解情缘。而陶埙"埏土为之",独占八音之土,属于土音。"土音"最能代表长安人的内心声音。

从文化方面看:西安是十三朝文化古都,古都西安的文明结构是以儒教精神为主体的汉文化本位。埙艺术的精神实质是中庸思想和礼乐一体的周秦文化,体现为埙表演的浑雅中和、不偏不倚的典型音色。唐代郑希稷《埙赋》中说:"至哉!埙之自然,以雅不僭,居中不偏。故质厚之德,圣人贵焉。"

从历史方面看：西安半坡博物馆存放的那两枚陶埙，距今大约六千七百年，新闻一报道，轰动了全国，史学家、考古学家纷纷来到西安考证研究。这两枚陶埙标志着西安又一种地域特色文化的产生，埙也幸运地成为代表长安的乐器。它的产生极具长安色彩，具有符号化作用，为营造浓郁的古都文化气氛做出了贡献。这两枚陶埙至今还保存在西安半坡博物馆内。

当下人们正是从考古发现不断回溯历史的过程中，追寻和倾听着先民们创造非物质文化的远古足音。

谈起近四十年的往事，王厚臣至今记忆犹新。他回忆说，当时，他在陕西省歌舞剧院古典艺术团工作。团里演出《仿唐乐舞》，经过考证，唐代宫廷音乐里也有埙乐。然而，当时团里还没有会吹埙的人，团里就安排他吹埙。于是，他便特意去天津音乐学院跟陈重先生学埙。碰巧那年陈重先生和其另一位弟子杜次文刚好合作完成埙与古筝二重奏《楚歌》，当时陈重先生特意送他了一份，并亲笔写下"送呈王厚臣同志试奏，并请提出宝贵意见"。也就是在那个时候，他才第

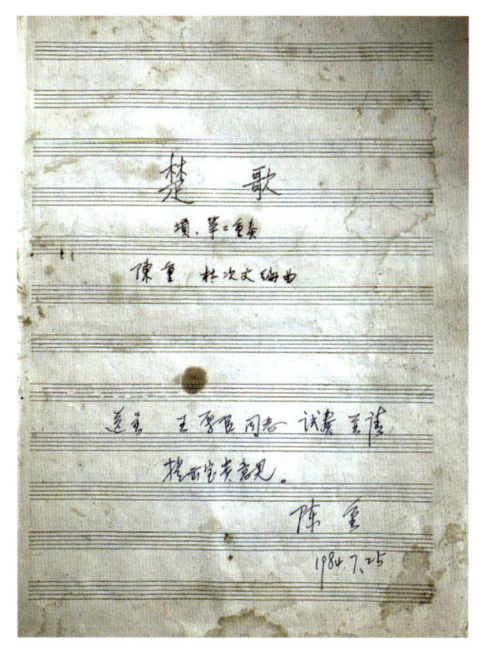

一次接触到埙。王厚臣解释说,在民族乐器中,笛、箫、笙,都是属于管乐。只要能演奏笛子,基本上都能演奏埙。在埙的演奏方面,他运用的也都是管乐的技法。因为他有管乐基础,最早学过竹笛,吹过唢呐,后来又吹笙。所以,在演奏方法中尤其是运气和技巧上就自然借鉴了。而且这些乐器在曲谱上都是用同一个标记和装饰。区别只在于,埙是闭口乐器,发出的声音不一样,所以音色不同;另外,埙有俯吹,可以吹出四度到五度的关系,而竹笛和唢呐没有俯吹之说,这也就是最大的不同了。因此,他进步很快,学习起来并没有那么陌生。

王厚臣说,原来想着学会吹埙后,就能安排到《仿唐乐舞》的乐队里。可是,等到自己学成回来,却没有人写埙曲。而且,当时《仿唐乐舞》的音乐已经完成了,节目安排上也没有埙的曲目。后来,自己就创作了这首埙独奏曲《沉香泪》。不过,因为这首埙曲充满着悲凄色彩,与整台《仿唐乐舞》的基调不是很融洽,就没有安排进去。只是在其他场合,他经常演奏这首埙曲《沉香泪》,也多次在国外音乐厅演奏。

1987年9月,难忘的秋季。在西安这片黄土地里挖出文物古董,人们早已经是见怪不怪了。不过,在西安临潼姜寨仰韶遗址出土了古老的吹奏乐器陶埙,这是中国音乐史上的大事件。王厚臣就在古都西安静心迎候着埋藏了数千年的陶埙重见天日。当时文化部艺术研究院音乐研究所邀请陈重先生前往西安对姜寨遗址出土的二音孔陶埙进行详细测定,当时陈重先生因身体原因向文化部艺术研究院音乐研究所的领导推荐了他在西安的陕西省歌舞剧院的学生王厚臣。在陈重先生的推荐下，文化部艺术研究院音乐研究所联系陕西省考古研究所和西安半坡博物馆的相关领导在陕西省歌舞剧院找到了年轻的演奏家王厚臣，邀请他对姜寨遗址出土的二音孔陶埙发音性能和音高进行了详细测定。在取得了这些基础资料后，王厚臣又根据形状和材质把陶埙的音孔增加到九个，从而成功地仿制出了九音孔陶埙。当时，大家对埙都不了解。那个时候很少有人在舞台上演奏埙独奏曲。他首次把埙曲搬上舞台，大家听了觉得非常神奇和惊讶。原来这么小的乐器，竟然能够演奏一首大主题的音乐作品。从这个历史缘由来看，可以说1982年开始演出的《仿唐乐舞》，拉开了中国埙乐文化的序幕。而王厚臣创作并演奏的埙曲《沉香泪》，则是这场埙乐文化复兴大戏的前奏曲。因此，《沉香泪》当时在民乐大赛中也是获奖作品。王厚臣坦言，《沉香泪》就是他创作的第一首埙独奏曲。他当时创作并没有特别意图，只是出于职业本能，觉得埙的音色比较特殊，能够表达更古朴苍凉的意境和更深沉的情感。于是，就选择历史题材，通过埙曲表达古代宫廷女子幽怨悲凄的心声。不过，在当时，这件事并没有引起全国主流媒体的关注，也没有在社会上引发轰动效应。

王厚臣一边说，一边翻出了一些相关资料。一份由西安音乐学院主办的内部刊物《音乐信息报》，曾登载了一篇题为《古乐放新声　秦音诉苦情——听埙独奏〈沉香泪〉》的文章。

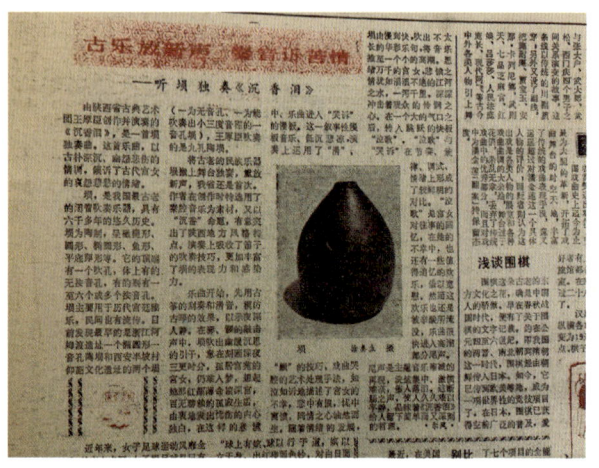

文章称:"由陕西省古典艺术团王厚臣创作并演奏的《沉香泪》,是一首埙独奏曲。这首乐曲,以古朴深沉、幽怨悲伤的情调,倾诉了古代宫女的哀怨悲愁的情绪。埙,是我国最古老的闭管吹奏乐器,具有六千多年的悠久历史……将古老的民族乐器埙搬上舞台独奏,重放新声,我省还是首次……这断肠之声,使人久久难以平静,品味着《沉香泪》,给人留下简单而又深刻的哲理。"登载这篇文章的《音乐信息报》,出版日期为1987年1月1日。由此可见,王厚臣创作并演奏埙曲《沉香泪》,应该是在1987年之前。而西安临潼姜寨遗址出土陶埙,则是1987年的秋季。王厚臣肯定没有预测文物考古发现的神机妙算。但是,他却碰巧为姜寨遗址出土陶埙提前奏响了埙曲《沉香泪》。而且,1987年恰巧又是他应邀对姜寨遗址出土陶埙进行鉴定的时期。那么,这一连串的巧合,又算不算是他冥冥中注定的埙乐文化复兴之缘呢?王厚臣说,从石制到骨制和陶制,埙已有数千年的发展演变史。后来由于多种原因,埙逐渐衰微几近于绝迹。事实上，在姜寨遗址出土陶埙之前，浙江余姚河姆渡遗址就已经出土了陶埙。不过，它们都属于距今六七千年的同一时期。但是，从"十三朝古都"的历史连续传承角度来看，西安在埙乐文化复兴中还是占有得天独厚的优势。而且，从埙乐文化研究到埙曲创作和演奏专业水平，再到民间埙乐普及推广的群众基础和参与人数规模，陕西在埙乐文化复兴中都居于全国领先地位。王厚臣还介绍说，埙在民族乐器的"八音"中独占"土音"，音色古朴醇厚、幽深悲凄、低沉哀怨。这种极具魅力的"色彩乐曲"，给埙和埙演奏者赋予了神圣、典雅和高贵的精神气质。人们现在所用的埙，都是20世纪80年代以后不断研发改良制作的。

王厚臣介绍说，20世纪90年代以后，埙曲新作开始大量呈现。张艺谋执导的电影《菊豆》在1990年上映，为该片做埙曲配乐的是中国音乐学院张维良教授。《菊豆》上映后，在国内外影响很大。此后，张维良还创作了埙独奏曲专辑《问天》。中国音乐家协会原主席赵季平，在很多影视剧背景音乐中都加入了埙乐，影响也非常大。1999年，台湾发生了"9·21"大地震。为此，赵季平专门写了一部舞台剧，其中就大量运用了埙乐。王厚臣说，当时就是他去做的录音。音乐一响起，台下的人不由得跟着哭泣，场景特别感人。

在回顾中国埙乐文化复兴历程时，王厚臣说，自20世纪八九十年代，埙曲创作和演奏逐步进入繁荣发展的新阶段。众所周知，在西安，高明、刘宽忍他们都是陕西埙演奏文化的开创人、践行者。

陕西省歌舞剧院元老级的演奏家高明先生,在埙曲几乎销声匿迹的年代,创作、演奏了非常多的埙曲,代表作有埙协奏曲《黄陵碑》《丝路吟》等。高明先生还是一位杰出的乐器发明家,他精心研发的乐器中有一件代表作——玉佛埙,在充足地发挥古代陶埙的质朴音色和诸多特质的基础之上,深化、提高了埙的工艺和材质水平,丰富扩展了埙的音域和表现力度。高明先生曾讲道:"我试验用这枚玉石做出来这种头腔和胸腔两种共鸣的埙,这种埙的音域加大了,而且把这个调提高到一个现在我们叫小C调的音高上,等于取缔了大C调的音域。这个埙声就适合现代人的听觉,像男高音的音域。这样就可以吹一些欢乐明快的曲调,不会停留在都是悲伤的曲调中。"高明先生的探索,为陕西埙文化的未来奠定了坚实的基础。

无论是从教还是从政的刘宽忍先生,都在不遗余力地推动着中国埙文化的发展。他被邀请作为CCTV民族器乐大赛的评委,与香港中乐团和国家交响乐团这样饮誉海内外的乐团合作,还组建了我国第一支专业埙乐团——中国青年埙乐团。他创编了许多名曲,代表作品有《风竹》《满庭芳》《子夜吴歌》等,推出专辑《闻埙》《秦吟》《刘宽忍贾平凹埙乐专辑》等,编著教材《埙演奏法》《刘宽忍演奏埙曲精选》等。他演奏的《风竹》,以典雅的秦韵古风,对三秦大地、关中风情进行咏叹,又对周、秦、汉、唐辉煌灿烂的历史进行歌颂。他举办了我国的第一场埙专场音乐会,把中国古老的埙乐艺术在当代推向了一个高度,是埙乐艺术的一个时代坐标。

王厚臣说,令人欣喜的是,影视剧和文学艺术作品也一直在推动着埙乐文化复兴。特别是著名作家贾平凹的小说《废都》，对埙乐文化传播产生了更为广泛的社会影响。今天的社会大众能知道埙，最早不是看了影视剧，就是看了小说《废都》。在社会各界的共同努力下，进入21世纪以来，中国埙乐文化发展热潮，已经呈现出更加灿烂的景象……

活动年表

1973年，考入西安音乐学院。

1984年，在香港举办的第九届亚洲艺术节上演奏《竖旗》（笙与乐队）。

1987年，对从姜寨仰韶文化遗址中出土的陶埙进行测定。

1993年，在香港举办的"丝绸之路"艺术节上演奏笙独奏曲《春歌》。

1994年，在香港举办的海峡两岸暨香港名家演奏会上演奏笙与打击乐《春莺啭》、口笛与打击乐《鹦鹉学舌》。

1995年11月，应日本大阪外国语学院的邀请，对中国的笙和埙在中国西部地区音乐中的作用做详细的讲解。

1996年3月，应香港演艺学院的邀请赴港讲学，主要介绍陕西音乐的独到韵味。

2000年，参加法国巴黎国际艺术节，演奏笙独奏曲《走三边》、埙独奏曲《沉香泪》。

2001年10月，在香港举办的大型中秋赏月国庆演出中，演奏笙独奏曲《春莺啭》《走三边》、埙独奏曲《沉香泪》《望月》。

2002年4月，随以国家副主席曾庆红为团长的中国共产党代表团赴日本访问演出，演奏笙独奏曲《走三边》、葫芦丝独奏曲《茶歌》。

2002年7月，随团参加为期两个月的在法国举办的比利牛斯艺术节，担任笙独奏、打击乐和笛子主奏。

2004年1月，随中国文化代表团赴法国参加在巴黎举办的中国文化年大型演出活动，庆祝中法建交四十周年。

2004年2月，随陕北黄土地艺术团（担任该团副团长）赴台湾参加在高雄举办的旗鼓飞扬大型元宵灯会。

2005年，随中国安志顺打击乐艺术团再次赴台湾参加在高雄举办的旗鼓飞扬大型元宵灯会。

2006年10月，随以陕西省委书记李建国为团长的陕西文化代表团赴印度参加中印友好年陕西文化周活动。

2007年2月，应新加坡滨海艺术中心邀请，率团参加一年一度的第五届全球华人艺术节。

2008年3月，随陕西民间歌舞团赴美国参加中国文化音乐艺术节。

2008年9月，参加联合国教科文组织第四十三届国际陶艺节的演出，演奏埙独奏曲《陶匠情思》。

2009年10月，应山西省音乐家协会、山西省民族管弦乐学会的邀请，在太原举办个人音乐会专场演出。

2009年12月12日，在西安音乐厅成功举办个人民族管乐专场音乐会。

2010年4月，参加中国驻韩国大使馆、中国国家旅游局举办的中国旅游年暨世博旅游推广周活动，承担《大长今》《火塔之夜》独奏任务。

2013年10月10日，在北京音乐厅成功举办个人独奏音乐会。

2015年10月，在福建泉州成功举办"草原思念·灞柳情深"个人独奏音乐会。

2016年10月，成功举办江西·庐山第一期埙研修班。

2019年5月15日，应日本大牟田市邀请，赴大牟田市独奏《茶歌》，并举办公益讲座。

个人小传

王其书，1938年出生，祖籍重庆永川。中国非物质文化遗产保护协会埙专业委员会副会长，中国发明协会会员，四川民族管乐研究会副会长，成都乐器学会副秘书长，四川音乐学院教授、乐器研究所研究员、民乐系硕士生导师。主要从事民族管乐（笛、箫、埙）教学、演奏、改良，民族乐器研究，以及少数民族音乐研究等工作。

王其书生于战乱时期的中国，幼年在日军频繁的轰炸中度过。1956年，他毕业于重庆市巴蜀中学，并考入西南音乐专科学校（四川音乐学院前身），师从竹笛前辈、乐器改革专家沈文毅教授学习，学习期间受沈老师影响，耳濡目染，对乐器研究产生了浓厚的兴趣。1960年毕业后，他留校任教。1962年，他应邀赴西安音乐学院讲学一年，教授改良十孔竹笛。返川后，他于1963年获四川省首届

笛子比赛第一名。自此，王其书便走上了教学、演奏、创作、乐器科研的艰辛路，辛勤奋斗数十年不断，其成绩颇丰，特别在笛、埙乐器改良方面，做出了较大的贡献。"文革"期间，他潜心于竹笛的改良，深入研究西洋管乐器的键结构体系，发明多功能组合式新键结构，突破了西洋管乐器波姆复键体系结构，使键结构功能更加丰富多样，可大大减少交叉指法，使指法更顺，更便于操控，并于1983年用此结构研制成功多功能组合式十七键新曲笛，此技术可用于各种西洋木管乐器的键结构改良，1987年获文化部科技进步四等奖。

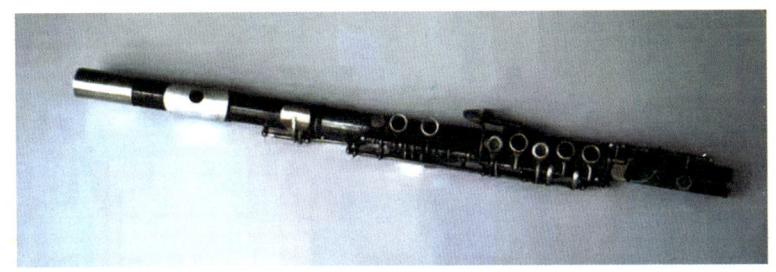

十七键新曲笛

王其书从1993年起终身享受国务院政府特殊津贴，1999年获"四川省德艺双馨文艺家"称号。

王其书对埙的改良之路,源于他在四川音乐学院上学时期。1959年本科的最后一年选择副修乐器时,曹正先生的夫人田耕时刚好调到川音任教,成了王其书的古筝老师,王其书由此认识了曹正先生。后来当曹正先生知道王其书是竹笛专业时,高兴地说:"磬箫筝笛递相搀(白居易诗句),筝笛相亲本一家。古有筝笛录,好久我们筝笛也来合奏一曲如何?"自此,王其书和曹正先生关系更加密切。1982年,王其书借去北京试制加键笛的机会,向曹正先生学习了陶埙制作技术,曹正先生鼓励他为发展中国古埙文化多多努力。回川后,他便在家里练习制作,这为之后双腔葫芦埙的诞生打下了坚实的基础。

1989年,王其书发明复合振动双腔体结构,用于埙的结构改良,研制成功双腔葫芦埙,使没有超吹功能的埙产生了超吹音,大大增宽了埙的音域,并按十二平均律配齐音列,转调方便。此成果1993年获国家发明奖三等奖。

双腔葫芦埙

1991年10月，王其书带着他研制完成的双腔葫芦埙到西安参加第六届全国发明展览会，并获得银奖。其间，他向好友元修和、高明、梁欣赠送了刚制作完成的双腔葫芦埙，并与他们进行了交流和讨论。

1991年后，王其书进入少数民族音乐研究领域，主持了教育部"八五""九五"两个规划项目："西南少数民族乐器研究"和"西南丝绸之路音乐文化考察研究"；同时，在此基础上，建立了四川音乐学院西南少数民族乐器陈列馆。

1998年退休后，王其书继续从事着埙的进一步改良和推广工作，对制作工艺和乐器性能做了进一步的改进。2015年，他研制的新一代双腔葫芦埙再次获得国家发明专利授权。

2015年，王其书在四川音乐学院主持组建了后土埙乐团，培训演奏员并组织创作和排练。2017年，他举办了全国首场双腔葫芦埙专场音乐会，不遗余力地继续为埙文化事业辛勤耕耘。

近年来，已进入耄耋之年的王其书，主持编著了《双腔葫芦埙实用基础教程》一书，由人民音乐出版社出版发行。

（王玉、罗井昕整理）

相关典章

《双腔葫芦埙实用基础教程》出版纪实

黄虎威

当这部沉甸甸的《双腔葫芦埙实用基础教程》书稿放在我的面前时,我不禁百感交集,思绪循着时光折返而波澜起伏,三十年前的情景清晰地出现在我的眼前。

我和王其书教授同住四川音乐学院校内教师宿舍区,是几十年的老朋友、老邻居。1989年深秋的一天晚上,当我回家经过他窗下时,从楼上传出一阵阵时断时续的美妙乐音,一段凄美的旋律飘入耳鼓动人心扉,我不禁停下脚步循音登楼,看见王其书正捧着一枚泥土烧制的葫芦状的乐器忘情地吹奏。声音像古朴典雅的古埙,但更厚重、饱满、结实,造型也不像常见的古埙。他见我来了,便停止了吹奏,和我闲聊起来。这是我第一次聆听他刚研究、改良制作完成的双腔葫芦埙的演奏,他正在试吹。我们聊了很多,从民族音乐的历史、现状,聊到当代的发展,再聊到他手中的双腔葫芦埙。当年他每周末都会挤乘三个多小时长途客车,远赴彭县桂花镇土陶厂研制他的陶埙,周一又赶回学校上课。那时的交通非常不便,破旧的客车内挤满了人,经常找不到座位,人贴人地站上两三个小时是常有的事。一年五十二周,他至少有四十个周末是在桂花镇土陶厂度过的。这样的状况他坚持了两三年，从不间断，我佩服他锲而不舍的精神。功夫不负有心人，1989年底终于传来他研究工作完成的喜讯。

双腔葫芦埙较之传统古埙音域更宽，音量更大，音色更浑厚饱满，按十二平均律安排布局音孔，转调方便，将古埙的艺术表现力推到了一个全新的高度。

时光荏苒，一晃三十年过去了，王其书和他的朋友及学生们一道进行了艰苦的宣传、介绍和推广工作，参加过几届全国及省、市的发明展览会，获得过文化部科技进步奖及国家发明奖。他带着双腔葫芦埙到全国各地进行展示介绍，召开座谈会听取意见和建议。中央音乐学院、中国音乐学院、中央广播民族乐团、中央民族乐团、上海音乐学院、陕西省歌舞剧院民族乐团、西安音乐学院、四川音乐学院等单位的专家们都对双腔葫芦埙给予了充分的肯定和极高的评价。

经过多年的发展，双腔葫芦埙已经得到全国广大埙爱好者和专业人士的喜爱，学习者越来越多，使用越来越普遍，但教材的缺乏却制约了它的发展，这就成了一个亟须解决的问题。王其书和周世斌、张莉编著的《双腔葫芦埙实用基础教程》的出版，解了这个燃眉之急。我仔细翻阅了这部教材，感到它是一部很好的教科书。从教材的角度看，它具有几个突出的特点：最大的特点是理论和实践的紧密结合，原理讲得透，道理讲得清，实践谈得细，让学习者一目了然。第二个特点是针对性强，各种演奏技巧的使用、训练都是直接针对双腔葫芦埙的性能特点安排的,不会和笛、箫同类技法的使用产生混淆。第三个特点是,编著者向读者推荐了一种其他埙教材所没有的新的吹奏技法——前置俯吹法,这样就将埙的这一特色技法发展到一个新的高度。第四个特点是,从循序渐进的角度考虑,以"教程"方式安排学习内容,减少学习者在学习过程中的随意性,助其少走弯路。

《双腔葫芦埙实用基础教程》的出版是广大埙爱好者的福音。我衷心祝贺这部教材的问世,它的出版将会对我国古埙艺术事业的发展起到很大的促进作用。

复合振动共鸣原理在双腔葫芦埙创新技术中的应用

张莉

埙是一件古老且极具神韵的乐器,是祖先留下的文化瑰宝。但几千年来埙在形制上未曾有大的改进,传统陶埙不能超吹,音域狭窄,音量小,音律不齐,转调不便,大大制约了埙演奏艺术的发展。为此,热爱音乐的有心人——四川音乐学院王其书教授默默耕耘,多年潜心研究和探索埙的改良。功夫不负有心人,多年知识经验的积累和辛勤劳动的实践碰撞出了智慧的火花。在20世纪90年代初,王老师创新研究出复合振动共鸣技术,并将该技术运用在埙的改良上,成功研制了双腔葫芦埙这种优秀的民族吹奏乐器,在埙的改良上取得了丰硕的成果,也为乐器改良科研事业提供了新的思路和新的方法。

一、埙的发展轨迹和发音原理

(一)从埙的起源到双腔葫芦埙的问世

埙这件我国古老的民族乐器,距今已有七千年历史。根据考古资料及史书记载,埙的起源可追溯至新石器时代,古书《乐书》说:"幽王之时,暴辛公善埙。"《世本》认为埙为暴辛公所制。王子年《拾遗记》上说庖牺氏"灼土为埙"。这种认为埙乐器是个人首创的传说虽不可考,但是埙的历史的确是十分久远的。中国最古老的诗歌总集《诗经·小雅》中有载:"伯氏吹埙,仲氏吹篪。"《尔雅·释乐》注:"烧土为之,大如鹅子,锐上平底,形如秤锤,六孔。小者如鸡子。"按科学的观点,埙的起源与人民的劳动生产活动有关。最初可能是先民们模仿鸟兽叫声而制作的狩猎辅助工具——石流星(一种球形飞弹)。由于石头上有自然形成的空腔或洞,当先民们用这样的石头掷向猎物时,空气流穿过石上的空腔,形成了哨音,这种哨音启发了古代先民制作乐器的灵感,就这样产生了最早形态的埙。远古的埙多为石制、骨制,后逐渐改用陶土烧制而成,顶端均有一个吹孔。在历史上,埙的形制较多,有球形、管形、橄榄形、卵形、月牙形、人头形、牛头形、梨形及各种动物形状。商周时期,"锐上平底"的梨形埙在中原地区逐渐取代了其他埙,成为埙的主流形制。除少数民族地区外,其他形制已不多见。随着社会的进步,埙被当成单纯的乐器,并逐渐增加音孔,发展成可以吹奏曲调的旋律乐器。汉代是埙乐发展的高峰期，但主要用于宫廷雅乐。隋唐以后，在民间已几乎绝迹。但在少数民族地区却一直长盛不衰。①

从浙江余姚河姆渡遗址发现的七千年前只有一个吹孔、没有音孔的椭圆形陶埙，到当代仿制改良的八至十六孔的各式各样的埙，再到1991年双腔葫芦埙成功问世，埙这种古老的乐器跨越了人类文字文明五千二百年的历史长河，而从在河姆渡遗址出土的新石器时代单腔无音孔的陶埙到双腔葫芦埙的问世，已有七千年的历史了。

自1988年起，为解决埙的音域、音量、吹奏等问题，王老师进行了无数次的研究试验和探索。他从单腔体入手，除仿制历代各种形制的埙外，还制作过很多不同形状的埙，如细颈花瓶状的、各种酒瓶状的、葫芦形的、并排双梨形的……试图增加其音域但全部没有成功。这些埙的腔体形状虽然各不相同，但其空气球振动发音的基本方式没有变，因此，不可能产生超吹的音，当时的单腔改良埙已将音域扩展到极限，不可能再扩展。王老师绞尽脑汁，突然间头脑中闪过了一种想法：所有的埙不能超吹都是因为腔体的空气球无法分割成两个半球来振动而产生倍频泛音，如果将两个空气球连接起来，通过口风来控制，使两个球体振动可分可合，不就可以解决超吹问题了？正是这一闪念，王老师拿到了解决超吹问题的金钥匙，从而踏入千年禁区的大门。经过认真的思考和多次试验，王老师创新研究出复合振动共鸣技术，并将该技术运用在了埙的改良上，

---

① 王其书：《七千年禁区的突破——复合振动腔体结构的发明与双腔葫芦埙》，《音乐探索》1994年第1期。

终于设计出全新的改良埙,诞生了可以超吹的音域宽广的埙。1990年,王老师根据它的形状给它起名为"双腔葫芦埙"。王老师在埙的改良事业上取得了丰硕的成果,也为乐器改良科研事业提供了新的思路和新的方法。七千年古埙扬眉吐气,再展昔日之风采。[①]

(二)埙及双腔葫芦埙的发音原理

吹奏乐器属气鸣乐器,其发音方式是多种多样的。埙和笛、箫均属边棱乐器,其成声不依靠固定哨口或簧的振动,是直接依靠口中呼出的气流冲击边棱激发腔体内空气振动而发音。但因其振动体形状的不同,乐器性能可能差异巨大。笛、箫为管状空气柱振动发音,可产生超吹泛音。埙因其为空气球振动发音,不可能通过超吹将空气球分割成两个半球来振动产生倍频泛音,所以音域很窄。双腔葫芦埙的结构则完全不同,它是复合振动双腔体结构,由上下两个梨形的振动腔体组成,中间有一个蜂腰孔将两个腔体连接。缓吹时,它是一个整体,以单腔振动方式发音(上下两腔作为一个腔体振动发音),和传统埙相同;急吹时,上下腔体分离,只是上腔体振动发音,下腔体成为共鸣腔,利用蜂腰孔使埙产生了超吹音并扩展了音域。

因此,传统埙和双腔葫芦埙的发音方式既有相同也有不同。它们的相同点在于都是团状气流振动,都是因空气球振动发音;不同点在于传统埙是单腔体振动发音,而双腔葫芦埙是根据音高的不同而选择平吹或超吹使上下两个腔体分开或复合振动而发音的。

[①] 陈善祥:《古乐奇葩——再论复合振动腔体结构的发明与双腔葫芦埙》,《音乐探索》2005年第3期。

二、双腔葫芦埙的结构、性能和创新技术要点

（一）双腔葫芦埙的结构和性能

双腔葫芦埙外形设计成葫芦状，有上下两个梨形振动腔体，两腔体之间设计了一个蜂腰孔，其目的是将两腔体连接在一起的同时，使上下两个腔体形成复合振动共鸣的发音方式。其上腔直径略大于下腔，同时设计了能够兼顾超吹和音色、音量、音域的蜂腰孔孔径及上下腔最佳的容积比例。如前述：缓吹时，是单腔振动发音；当风门收紧超吹时，在急气流的冲击下，上下两腔分离，上腔空气球振动发出超吹高音，下腔则变成一个共鸣腔，同时兼具调整音高的辅助功能（与笛子笛尾的部分作用相似）。它还按十二平均律配齐了音列，转调方便，共十一个音孔（下腔九个，上腔两个），演奏指法简便顺手。音域达到了两个八度以上，高、中、低音埙三个一套，真正方便了演奏者。双腔葫芦埙的最大音量可达104dB，平均音量89.3dB，相比传统埙大大增加，更能胜任独奏、重奏和合奏。上面饰以小篆刻画图案，有大小音孔的衬托，造型古朴别致，不失为一件具有浓郁民族风格的艺术品。

（二）双腔葫芦埙的创新技术要点

1.改良的目标

王老师的改良目标和改良原则是：（1）扩展音域。音域狭窄是传统埙的致命缺点，扩展音域至两个八度以上，才能满足演奏的基本需求。（2）适当增大音量。在乐队中能与其他乐器达到音量的平衡，使其能在与其他乐器合奏、重奏时发挥功能。（3）按

十二平均律设计合理的音孔布局，增强转调的功能，使其兼具独奏乐器和进入乐队常规编制的能力。（4）达到以上三条的同时保留其迷人的传统音色和演奏技法。要实现以上目标的关键问题是解决传统埙的超吹问题。

2. 蜂腰孔与双腔复合体

双腔复合体结构的核心是蜂腰孔的设计。孔太大，两腔不能分离，没有超吹音；孔太小，虽能超吹，但是高低音脱节不能贯通，各音区音色不统一，部分音音色虚暗，音量小。蜂腰孔的设计至关重要，这是复合振动共鸣创新技术的核心。

3. 双腔葫芦埙的形状和上下腔比例

双腔葫芦埙的形状是葫芦状，它是由上下两个腔体构成，上腔直径略大于下腔。双腔葫芦埙上下腔的形状和容积比对音色和音量的统一、高中低音的衔接与蜂腰孔起着相辅相成的作用。

4. 音量的增大和音色的改善

在双腔葫芦埙研制过程中，王老师特别注重音量的增大以及美妙音色的保留和改善。相较于传统埙和其他改良埙，双腔葫芦埙的音量有明显的增大，最大音量达104dB，高、中、低音的平均音量为89.3dB，加之埙的穿透力，在实际演奏中，双腔葫芦埙的音量在听觉上是令人满意的，并且在音量增大的基础上音色也较传统埙浑厚、饱满。在笔者的独奏音乐会上，不需要话筒、扩音器等设备，用古筝来伴奏，其音量很均衡。全部音域均能随心所欲，强弱控制自如。归结双腔葫芦埙音量明显增大的原因，就在于复合振动共鸣腔体的科学与合理使用，不但增加了共振与共鸣，也为适当增加音量提供了保证。

5.音域的扩展

传统埙的音域仅一个八度左右，但双腔葫芦埙的实际使用音域达到两个八度以上，高、中、低音埙三个为一套，其各自的音域如下图所示。① 根据演奏和音域的需要，双腔葫芦埙还可以设计为其他规格的。

6.音孔的排列设计

音孔排列设计应将手的生理结构特点、埙的结构特点以及乐器的性能巧妙结合起来。双腔葫芦埙按照十二平均律配齐了音列，运用十根手指来演奏，音孔总共有十一个（上腔两个，下腔九个），右手小指同时按两个小孔，两小孔演奏时为半音关系。按照人手的生理结构特点，音孔的设计分布在埙体的前后左右，演奏指法的设计以顺手、简便、转调方便为原则。

---

① 王其书：《七千年禁区的突破——复合振动腔体结构的发明与双腔葫芦埙》，《音乐探索》1994年第1期。

音　高		指　法
高音埙 胴音 c^1	中音埙 胴音 g	
c^1	g	孔全闭
$^\sharp c^1$	$^\sharp g$	开 2 孔
d^1	a	开 1、2 孔
$^\flat e^1$	$^\flat b$	开 2、3 孔
e^1	b	开 1、2、3 孔
f^1	c^1	开 4 孔（或 5 孔）
$^\sharp f^1$	$^\sharp c^1$	开 1、2、4 孔（或 1、2、5 孔）
g^1	d^1	开 1、2、3、4 孔
$^\sharp g^1$	$^\sharp d^1$	开 4、5 孔
a^1	e^1	开 1、2、3、4、5 孔
$^\flat b^1$	f^1	开 1、2、3、4、7 孔（或 1、2、3、4、6 孔）
b^1	$^\sharp f^1$	开 1、2、3、4、5、6 孔
c^2	g^1	开 1、2、3、4、5、6、7 孔
$^\sharp c^2$	$^\sharp g^1$	开 1、2、3、4、5、6、7、9 孔
d^2	a^1	开 1、2、3、4、5、6、7、8、9 孔
$^\flat e^2$	$^\flat b^1$	开 1、2、3、4、5、6、7（或 9）、10 孔
e^2	b^1	开 1、2、3、4、5、6、7、8、10 孔
f^2	c^2	开 1、2、3、4、5、6、7、8、9、11 孔（或 1、2、3、4、5、6、7、8、9、10 孔）
$^\sharp f^2$	$^\sharp c^2$	开 1、2、3、4、5、6、7、8、10、11 孔
g^2	d^2	孔全开
$^\sharp g^2$	$^\sharp d^2$	孔全闭
a^2	e^2	开 10 孔
$^\flat b^2$	f^2	开 10、11 孔
b^2	$^\sharp f^2$	开 1、2、3、4、5、10、11 孔
c^3	g^2	开 1、2、3、4、6、7、10、11 孔（可根据音高调整）

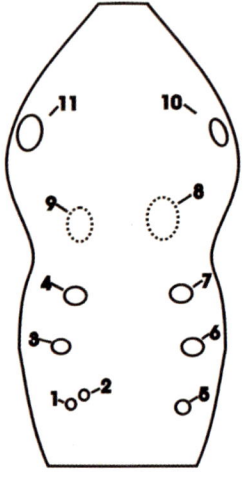

新型双腔葫芦埙指法表

7. 制作工艺及材料的选择

双腔葫芦埙基本沿用了传统的陶瓷工艺，用陶土制坯，炉火烧制而成。2011年，笔者随王其书老师进行第四代双腔葫芦埙改良制作课题的研究，制坯的工艺改为模具注浆成型，传统煤窑烧制改为电窑自动控温烧制。制作好的双腔葫芦埙保持了传统埙古朴、典雅的风格和传统音色，在保持乐器演奏的民族特色不变的基础上，进一步改进了乐器的性能，提高了乐器的演奏能力。

制作材料也不断寻找、选择，陆续试验出更适合制埙的陶土。二十年前，王其书老师为研制成功的双腔葫芦埙苦苦寻找好的陶土材料，在四处奔波、多次试验后，选择了四川名陶"桂陶"的生产原料酸性黄色黏土（又称"桂花泥"）。该陶土含有铁、锰等特有的金属成分，适合烧制彩陶，用其制的埙能较好地耐高温。并用当地传统名窑"龙窑"烧制，炉火可达900℃~950℃。桂花泥收缩性较大，为13%~16%，烧制出来的埙质感较细润，色泽为中等朱红色，质地较硬，埙的音色高音明亮、中音润泽、低音浑厚，是较为理想的泥材。

近年来，王老师没有停止过再寻找更加适合制埙的优良泥材的步伐，终于在中国四大名陶（江苏宜兴紫砂陶、广西钦州坭兴桂陶、云南建水五彩陶和重庆荣昌安富陶）里锁定了荣昌安富陶的原料作为制埙的泥材。荣昌安富陶为纯侏罗纪黏土岩，泥色为红色和白色两种，均质细色正，可塑性强，埋藏浅，并且含水率低，烧失率低，烧结性能好，制埙的温度可达1150℃~1200℃，是最佳的陶瓷原料，自古素有"泥精"之美誉。其中红泥的含铁量高，约为0.5%，一氧化硅含量为62%~65%，一氧化铝约为12%，其收缩性较桂花泥要小，为13%~14%，硬度好于桂花泥，色泽较桂花泥略深，为中等偏深的朱红，烧制成的陶埙音色更加明亮，叩之发声清脆悦耳，具有穿透力。

8. 造型外观设计

在造型上，王老师以民族审美的眼光，将埙的外形设计为我国西南少数民族的图腾"葫芦"形状，并在埙体前后加以刻花图案或是小篆文字来装饰衬托。音孔的排列使双手握埙呈立式，同时按上下两腔的音孔，手形放松自然，使演奏者的姿势与埙的外形相得益彰，显得优美而高雅，加之埙的独特文化背景和音色，使双腔葫芦埙的现场演奏效果颇具神韵。完善后的双腔葫芦埙具有很高的演奏和收藏价值。

三、复合振动共鸣技术的声学分析

1990年7月，中国艺术科学技术研究所对王其书老师研制的第一代双腔葫芦埙做了一次物理声学分析，测试对象是传统埙（指单腔梨形改良埙，分大、中、小号埙）与新研制的双腔葫芦埙。其声学测试结果如下：

单音，最大的力度，测试距离为1米。

双腔葫芦埙声学测试表

音高	双腔葫芦埙 SPL（dB）	传统埙		
		大埙	中埙	小埙
		SPL（dB）		
$g5$	88.6	79.9		
$a6$	75.9	76.1		
$c^1 1$	82.0	85.1	84.2	
$d^1 2$	85.9	89.6	88.9	
$e^1 3$	86.9	89.7	88.4	
$g^1 5$	83.4	94.2	79.1	85.8
$a^1 6$	104.3		89.7	94.6
$c^2 1$	98.9		89.8	92.8
$d^2 2$	95.4			90.2
$e^2 3$	86.9			92.0
$g^2 5$	83.7			93.9
平均	89.3	85.8	86.7	91.5

从以上频谱分析的结果来看，双腔葫芦埙的音色，在中音、高音部分和传统埙一样，在低音区虽然小有差别，但是仍具有同类型包络，即具有共同之音色特点。[①]

[①] 测试报告由中国艺术科学技术研究所虞忻平完成，详细信息参见王其书：《七千年禁区的突破——复合振动腔体结构的发明与双腔葫芦埙》，载于《音乐探索》1994年第1期，第10—11页。

通过演奏实践和声学的测试，可以证明双腔葫芦埙已经完全达到了前面提出的四项目标，它的各项技术指标均优于传统的古埙和当今国内外已有的改良埙。

四、复合振动共鸣创新技术的重大意义

双腔葫芦埙成功的关键在于使用了王其书教授发明的复合振动共鸣创新技术。顾名思义，复合振动共鸣就是振动共鸣的形式是复合的，根据需要有共同振动的时候，又有单独振动的时候，也可两种振动方式交替结合运用。这个技术是王老师多年刻苦钻研、勤奋思索的重要成果。它打破了几千年来单腔体振动的发音形式，这在乐器史上还是首例。该项新技术将乐器改良带进了新的领域，给乐器音域扩展、乐器音色改善及乐器音量增大带来了新的机遇，改善了单腔体振动的不足，打破了其局限性，展现了双腔体配合的奥妙和功能。在它的启示下，可以试想，将该技术应用到其他乐器的研究上，可设计发明出性能优越并具有复杂的振动形式和结构的乐器。这项技术在所有具有振动腔体的乐器中都有应用的空间。

对复合振动共鸣创新技术的深入研究有利于乐器研究者们在这一新领域中的再思索、再创新和再利用。在当代，音乐的快速发展需要更多的创新技术来支撑，复合振动共鸣创新技术将使我们使用的乐器产生突破性的改进，这是一项了不起的发明，应该得到大力推广，使之为推动乐器改良做出更多贡献。

五、复合振动共鸣技术发展前景及双腔葫芦埙应用展望

双腔葫芦埙是王其书教授的重大科研成果。该乐器研究于

1988年立项，1991年完成，同年获得国家专利权，次年在成都通过省级鉴定。1992年获四川省首届少数民族文艺基金最佳奖、文化部科技进步二等奖，1993年获国家发明奖三等奖。该成果受到国内外专家的高度评价，居全国领先地位。双腔葫芦埙定型后，于1991年在第六届全国发明展览会上首次亮相并获得银奖，继而赴全国各地进行宣传介绍，各地专家教授如陈家齐、张维良、蒋志超、戴亚、王次恒、郭雅志、高明、元修和、陆金山、闵惠芬、李增光、张宝庆等均给予了高度评价。四川音乐学院作曲系邹向平教授专为双腔葫芦埙谱写了大型作品《鱼凫祭》（双腔葫芦埙与管弦乐队），乐曲的演奏充分体现了双腔葫芦埙在音量、转调、音域方面的优越性和保留传统演奏手法的优良性能。该曲在1992年"黑龙杯"全国管弦乐作曲大赛中获特别奖，并由四川人民广播电台录音。刘宽忍用双腔葫芦埙演奏的专辑《废都》于1993年夏正式出版发行。除了在国内推广以外，双腔葫芦埙已逐步推介至世界各国及地区。

世界日新月异，新的技术发展一日千里，传统乐器的改良迫在眉睫。一件乐器的改良是否成功，可以从它的实际运用效果是否比原有乐器更先进更能适应演奏者的演奏需求来衡量。任何一项变革都会产生一些新的东西，王老师改良的双腔葫芦埙就像波姆式长笛一样，保留了传统乐器的音色、演奏方法，又解决了音域、转调的问题，它是中国民族改良乐器中的典范。

复合振动共鸣技术给我们乐器研究者们一个巨大的想象空间，将该技术原理应用在其他乐器的改良上或新型乐器的发明上，都有着不可低估的价值。该技术的应用在乐器音量的增大、音域的增宽及音色的改进上有着相当大的作用,给乐器改良提供了很强的技术支持。该技术是王其书教授潜心研究几十载最终取得的丰硕研究成果。实践证明,用科学的方法去改进乐器,使其具有新的生命力以适应现代音乐发展的需求这条思路是完全正确的。也只有沿着这条思路不断地发展创新,乐器改良事业才会有更大的发展空间和更旺盛的生命力。

参考文献

1. 王其书. 七千年禁区的突破——复合振动腔体结构的发明与双腔葫芦埙. 音乐探索,1994(1).

2. 陈善详. 古乐奇葩——再论复合振动腔体结构的发明与双腔葫芦埙. 音乐探索,2005(3).

3. 张莉. 新型配套双腔葫芦埙. 乐器,2015(2)(3).

4. 卢国林. 王其书老师的乐改之路.

5. 刘再生. 中国古代音乐史简述. 北京:人民音乐出版社,2006.

6. 乐声编著. 中国少数民族乐器. 北京:民族出版社,1999.

7. 唐林,张永德,陶纯孝. 音乐物理学导论. 合肥:中国科学技术大学出版社,1991.

原载于《音乐探索》,2015年第4期

王铁锤

个人小传

王铁锤，1932年出生于河北定县。中国著名的笛箫埙演奏家，中国北派笛子大师。中央民族乐团独奏演员，国家一级演员；中国音乐家协会会员，文化部艺术家联谊会理事，中央民族管弦乐学会常务理事，北京市乐器普及协会理事，中国音乐家协会表演艺术委员会民族管乐北京研究组副组长及上海民族乐器一厂顾问。享受国务院政府特殊津贴。

王铁锤的家乡河北定县子位村是吹歌会之乡，其父亲是吹歌会成员。出生于吹歌会之乡以及祖辈六代都从事民间业余乐器演奏活动的背景，使他幼年便受到了民间音乐的熏陶。七岁时他接受父亲的吹歌音乐启蒙，并向吹歌会的其他老艺人学吹笛子及吹歌音乐。他十岁开始登台演奏，立即受到群众的热烈欢迎与喜爱。1947年，王铁锤以优异的表现进入华北大学文艺学院学习，后在华北大学文工团乐队、中央歌舞团工作。

王铁锤多次随文工团赴匈牙利、德国、奥地利等国参加世界青年联欢节的演出,并获得1953年布加勒斯特第四届世界青年联欢节之笛子独奏优秀奖,以及1955年华沙第五届世界青年联欢节之民间乐器四重奏比赛二等奖、笛子独奏三等奖。

此后,他先后出访印度、瑞士、巴西、智利、乌拉圭、阿根廷、日本、英国、伊拉克、美国、坦桑尼亚等国,足迹遍及亚、非、欧、美四大洲共二十余个国家,不但增进文化交流,更将中国古典音乐的种子撒播到全球各地。

1953年,他在陈天乐的介绍下,第一次接触到埙,埙给他留下深刻印象。之后,他多次观看了埙的演奏,并收到了曹正等人送给他的各种型号的埙,坚定了他钻研埙的决心。多年刻苦研究之后,王铁锤逐渐掌握了埙的吹奏方法,在敦煌艺术研究院编导的《敦煌乐舞》节目中演奏古埙。1984年,在人民大会堂招待美国总统里根时,王铁锤表演了埙箫琴筝钟磬古乐合鸣古曲《梅花三弄》。之后,他还将埙这种乐器带上了外国舞台,在瑞典、挪威、荷兰等国演奏埙,获得极大关注。

2010年,王铁锤编著的自学吹埙入门与提高的书《埙基础大教本》由吉林电子出版社出版。

王铁锤的艺术成就离不开吕骥、周巍峙、李焕之、李凌、时乐濛、赵沨、唐荣枚以及其他老一辈音乐家的热情指导与支持。如今,他将已臻炉火纯青的笛艺,配合中国规模最大的综合性民族音乐团体——中央民族乐团的伴奏，利用最先进的数位录音技术真实而完整地记录下来，表现了其丰富的音乐经验、人生智慧，沉稳内敛的情感表达，以及成熟的艺术风格。

除继承民间音乐基础外，他还特别重视采撷整理全国各个地区的民间乐曲，适度改编成现代曲目，以振兴、拓展和传播民族音乐。此外，他还不遗余力地普及民族音乐，不但在各地的巡回演出时热心辅导业余笛子爱好者，抽空在各院校举办演奏讲座，而且陆续在报刊上发表与推广中国民族音乐相关的音乐性及非音乐性文章。

多年来，王铁锤先后出版了《王铁锤笛子曲集》《笛子吹奏入门》等书，并录制了《北派笛子大师王铁锤笛子独奏曲集》《王铁锤笛、箫、巴乌、埙、葫芦丝演奏专集》等激光唱盘。

（刘豪、罗井昕整理）

相关典章

我所接触的埙吹奏[①]

王铁锤

记得那是1953年，琵琶演奏家陈天乐拿来两个秤砣形的东西，一个是咖啡色，另一个呈豆绿色。他用两手捧着一个放在嘴唇中部

---

① 本文为王铁锤2010年出版图书《埙基础大教本》前言。

吹气，然后它就发出了浑厚深邃的乐音。他介绍说："这是一种古老的乐器，叫埙。"我第一次见到埙这种乐器，感到它的外形与众不同，吹出的声音很幽静、深远，它给我留下神奇奥妙的印象。

后来我在中国音乐研究所参观陈列的乐器时，看到京剧艺术家梅兰芳先生赠送的一批乐器中有一大一小两枚陶埙，通过介绍，我对埙有了初步了解。中国音乐家协会主席吕骥同志在西安半坡参观时发现了几枚陶埙，经检测距今有六千三百多年。《人民日报》刊登后引起了轰动。之后我又到山西万荣县荆村遗址及太原郊区参观，看到了出土的陶埙，两地出土的埙发出的音近似五声音阶。中国音乐研究所所长、音乐家黄翔鹏先生著文认为："我国有规律的音阶形式的产生，不会迟于距今五千五百多年前的新石器时代。"前辈对埙的考证，增加了我对古埙的认识。中国历史博物馆陈列的河南辉县殷墓出土的埙，让我试吹，发音灵敏，音色明亮纯正，能吹出曲调。五千多年前我们的先民能制作出这么好的乐器，真令人叹为观止。

文化部群众文化司、中央电视台在北京联合举办第二届全国民间音乐舞蹈会演，宁夏群众文化艺术馆的冯惠云用一枚牛头形低音埙和一枚高音埙演奏的《送英台》，曲调典雅深邃，节奏徐缓，形象地描述了梁山伯与祝英台分别时依依不舍的心情。听后我印象深刻，多年后记忆犹新。天津音乐学院陆金山先生在华北地区文艺会演中，用自制的古老乐器埙演奏了埙曲《独乐寺怀古》，用小乐队伴奏，旋律古朴典雅，别具特色，成为会演亮点节目，受到观众好评。1984年中央民族乐团首次赴美参加第二十三届奥林匹克艺术节，赴美前，在人民大会堂招待美国总统里根的晚会上，演出了埙箫琴筝钟磬合鸣古曲《梅花三弄》，受到热烈欢迎。此节目应邀参加美国洛杉矶第二十三届奥林匹克艺术节演出，在美十七个城市巡演时也收到极好的效果。杜次文和姚安演出的埙与古筝二重奏《楚歌》也颇具特色。之后我陆续观看了《仿唐乐舞》《长安乐舞》《编钟乐舞》《九歌乐舞》等舞剧，其音乐中成功地运用了埙的吹奏。很多电影和歌曲配乐中也经常听到埙的吹奏。由此可以看出，埙的吹奏在音乐领域中发挥着越来越重要的作用。

  我在北京举办笛、箫、巴乌、竖笛独奏音乐会时，中国音乐学院古筝教授曹正向我表示祝贺并将他亲自烧制的三枚大小不一的陶埙赠送我。曹先生认为，埙是中国历史最悠久的重要吹奏乐器，应当继承发展。随后，武汉歌剧院孔建华先生、昆明乐器厂杨声先生、陕西省歌舞剧院高明先生、宁夏歌舞剧院安尼女士、北京歌舞剧院张永刚先生、北京的张荣华先生、西安交通大学秦俭先生、厦门大学赵良山先生陆续送给我自制的各种型号的埙，使我了解到全国各地音乐界的朋友和乐器厂家对古代乐器埙的重视，他们都在努力进行陶埙的试制和吹奏，并已取得可喜的成绩。朋友们的盛情极大地促进了我对埙的研究和吹奏，甘肃兰州敦煌艺术研究院根据敦煌石窟壁画中的乐人演奏图，复制了数十种唐代乐器，其中就有古代乐器埙，并编导了《敦煌乐舞》，特邀我参加埙的演奏，还带我去敦煌莫高窟参观壁画中的唐人吹埙图，这让我对埙的吹奏更加执着、更加热爱。

　　我经过多年刻苦钻研，逐渐掌握了埙的吹奏方法，编写了一些埙的曲目，在国内外音乐舞台上增添了埙的独奏节目。1994年，我应邀赴瑞典、挪威、荷兰等国演奏古埙，受到国外观众的青睐。演出结束后，观众纷纷到后台要求了解埙的结构与演奏方法。挪威音乐家阿福斯特·劳乐听了我的埙独奏，对中国七千年前的古老乐器埙能发出这么深邃的乐音，感到非常惊讶，赞不绝口。临别时，我送给他一枚古埙作为纪念。经过刻苦练习，他学会了埙的吹奏，在中国文化部部长孙家正访问挪威的欢迎晚会上，他表演了埙独奏曲。一个外国音乐家喜爱中国音乐，掌握了中国古老乐器埙的吹奏，十分令人钦佩。中国具有悠久历史的古埙不仅得到国内观众的喜爱，也受到国外观众的欢迎。许多人要求学习与掌握古埙吹奏方法，希望得到学习吹奏埙的知识和乐谱，故我根据自己学习埙吹奏的心得和体会，编写了《埙基础大教本》一书。为了扩充和丰富埙的演奏曲目，我在选择了中国古代乐曲的同时，也选择了适宜埙练习的中外优秀民歌。书内图文并茂，内容充实，由浅入深，循序渐进，入门有道，提高不难，适宜初学古埙者学习使用，也可供音乐工作者选用。愿历史悠久、音色浑厚、颇具特色的古埙，焕发新声，绽放魅力。

吴浔源

个人小传

吴浔源，1824年出生，字棠湖。山东宁津县小店乡王庄人，后迁居河北吴桥县旧城。清末史学家、书法家、音乐家。

吴浔源于咸丰十一年（1861）考中副贡，光绪元年（1875）考中恩科举人。他学识渊博，尤其致力于历史典籍和古代文物的研究。京朝士大夫每得古物，常登门求他鉴赏。

吴浔源工书画金石，其书法闻名遐迩。其石刻《朱子治家格言》全文，颇为时人称道。他性情高洁，轻视利禄，从不奉迎有权势的人，对帝国主义侵略中国深恶痛绝，平日着土布衣，戴土布帽，穿土布鞋，吸旱烟，用烟袋、火镰，家用器物皆为国产，凡冠"洋"字者，概不使用。新县令到职，如白天，官服，全套执事公然拜访，他闭门不纳；如夜晚，便服，书童提灯引路登门，则笑迎倾谈。此外，他还曾三十年不涉足城市。

据史料记载，李鸿章任直隶总督兼北洋大臣期间，在保定莲池书院设立志局，邀请吴浔源来此襄修《畿辅通志》。其间，吴浔源博览《大清会典》《乐书》《乐记》等对陶埙有记载的古籍文献，考证古埙实物。由于清朝时期，埙的传承已经断代，吴浔源偶得埙，复制出殷代五音孔梨形陶埙传世，以阐发古音之秘。他幽思揣摩十年，于光绪十四年（1888）七月十五日创作完成《棠湖埙谱》，并作自序，传于后世。1923 年，时任中华民国大总统的徐世昌为再版印刷的《棠湖埙谱》作序。

光绪二十八年（1902），吴浔源卒于寄籍吴桥。

到目前为止，《棠湖埙谱》是发现最早也是唯一正式刊行的埙专用乐谱，对古埙制法、奏法，以及埙谱研究，都具有较高的价值，是一本难得的珍贵史料。

（王玉整理）

《棠湖埙谱》解译

左继承

清代吴浔源《棠湖埙谱》①（以下称《埙谱》），编写于光绪

---

① 《棠湖埙谱》由已故杨大钧先生收藏，本文中的谱例，均来自于其复印本。

十四年（1888），线装本。封面题目《棠湖埙谱》，右下落款"石门山人"；内题目《埙谱》，落款"水竹邨人"，下盖有徐世昌之印章。

《埙谱》中绘有埙图，标明了指法，阐述了吹奏方法，记写了《北寄生草》《新梁州序》《锁南枝》等六首乐曲，六小段诵经曲《普庵咒》。乐谱采用了近似昆曲谱的斜行记写式，谱字是由十二律字减成。谱字左侧记写有歌词，谱字上方标记有九种节拍记号以及演奏符号等。

这本《埙谱》，到目前为止，是发现最早也是唯一正式刊行的埙专用乐谱，对于古埙制法、奏法，以及埙谱研究，都具有较高的价值，是一本难得的珍贵史料。

笔者在本文中，参照工尺谱之记谱法，对《埙谱》中的乐曲进行解译。其目的之一，让世人了解《埙谱》面目；之二，让古曲重现音声。

一、谱字之形成

《埙谱》序中云："雅乐之器，二十土之属，一曰埙，隋唐以后人耽丝竹，罕习此者。"又曰："此器为世所遗久矣，自古琴瑟笙笛皆有专精以传其学者，独埙无谱。"从其记述中，可以了解到埙这件乐器，隋唐以后逐渐衰落，奏者已不多见，并且还无专用乐谱。习埙之人逐渐减少，其中原因很多，当然与无埙谱也有一定的关系。

清人吴浔源自幼习丝竹，长而弃之，晚年好静始学埙，习久逐渐技艺精湛。为了使绝音复存，他仿照古琴谱，钩作"勺"，挑作

"乙"之例，将十二律字减为：

黄减为"田"（sol），黄清减为"旧"（高八度sol），太减为"八"（la），姑减为"古"（si），蕤减为"豕"（do），夷减为"弓"（高八度mi），無减为"无"（高八度fa），大减为"人"（高八度la），夾减为"夫"（高八度si），仲减为"中"（高八度do），林减为"木"（re），林清减为"休"（高八度re），南减为"羊"（mi），应减为"广"（h），低应减为"心"（低八度fa）。以上的"田、旧、八、古、豕、弓、无、人、夫、中、木、休、羊、广、心"十五个谱字，在乐曲中用了十三个，其中的"弓、无"两个谱字没有出现，因为"弓"（高八度mi）和"无"（高八度fa），超出了埙的音域，所以无法使用。

这些谱字，已从文字变成了一种音高符号，由于书中没有注明其读音，因此，无法得知读谱时如何来读。从乐曲中记写的歌词来分析，其谱字很可能无唱名，因为可以直接唱歌词，按谱字标记演奏即可。

二、节拍记号

乐谱是由谱字、节拍记号、演奏符号等组成。其中的节拍记号，决定音之长短、强拍弱拍以及小节线的划分等。

《埙谱》中使用的节拍记号，共有九种。从其形状上看，与工尺谱节拍记号较为近似，由此可见是从工尺谱借用而来。不过没有全用，而是选择了工尺谱节拍记号中的一部分。

《埙谱》中的节拍记号，所表示的强弱拍顺序是：如在 $\frac{2}{4}$ 拍乐曲中，"×"记号表示第一拍，"∟"则表示之后半拍。"○"记号表示第二拍，"△"则表示其拍之后半拍（参照谱例一）。在 $\frac{4}{4}$ 拍的乐曲中，"×"记号依然表示第一拍，而"⊠"则表示后半拍，"丶"表示第二拍（即头眼），"∟"表示后半拍（即腰眼），"○"表示第三拍（即中眼），"△"表示第三拍的后半拍，第四拍的"丶"与表示其拍后半拍的"∟"符号，和第二拍记号完全相同（参照谱例二）。

"一"记号称为底板，[①] 在工尺谱中，仅在每一乐句的末尾处，用该记号表示停顿，以示乐句结束。但是，"一"记号在《埙谱》中所表示之意，与工尺谱有同也有异：相同之处是，标记在句尾，表示其乐句完结；不同之处是，用来表示前音的延长，相当于今天的延长音记号"⌒"或连线"⌒"（参照谱例一）。

有关"○""△"两个节拍记号，如前所述，"○"记号在 $\frac{2}{4}$ 拍乐曲中表示第二拍，在 $\frac{4}{4}$ 拍乐曲中表示第三拍。"△"记号在 $\frac{2}{4}$ 拍的乐曲中表示第二拍的后半拍，在 $\frac{4}{4}$ 拍乐曲中则表示第三拍的后半拍。但是，"○"记号在《古琴相思曲》中则用来表示强拍（即第一拍），在诵经曲《普庵咒》中，也表示第一拍，"△"记号表示第二拍。究竟为何同样的节拍记号在不同乐曲中所表示的拍子顺序不同呢？《埙谱》中对其问题没有注明。假如这两个记号只用于《普庵咒》之中，来表示第一和第二拍，可以理解为诵经曲与其他乐曲不同，但是，《古琴相思曲》中也用了，并且是 $\frac{1}{4}$ 拍。另外，从《古琴相思曲》的歌词可以明显地了解到，这是一首较为悲伤的

---

① 杨荫浏：《工尺谱浅说》，音乐出版社，1962，第7页。

乐曲，速度一定很慢，不知何故，采用 $\frac{1}{4}$ 拍，并且只用单一节拍记号来记写。有关"○""△"记号为何在不同乐曲中拍子顺序有差异，暂且留下疑问，待以后对其问题进行更深一步的调查分析研究。

三、演奏符号

《埙谱》中，除了以上所叙述过的谱字和节拍记号之外，在谱字的上方，还标记有一种常见的"∭"符号，在《北寄生草》和《锁南枝》两首乐曲中用得较多。其符号用来表示哪种奏法，书中没有注明。与其形状相同的符号，在工尺谱中则用来表示"颤音"。[①]由此可知，这个符号也是源于工尺谱。

埙，与其他吹奏乐器一样，"颤音"技术较为重要，吹奏时加入"颤音"奏法，能给音乐增加浓郁的韵味，产生一种特殊效果，使声音更加伤感悲切。从《埙谱》中标记的"∭"符号，可以清楚地看到，其"颤音"奏法并非每首乐曲都用，而主要用于较为伤感、含有思念情绪的乐曲之中。

四、重复音记号

《普庵咒》中，谱字与谱字中间，标记有"丶"小黑点记号，其记号用来表示何意，书中没有注明。与其记号相似的小黑点，在工尺谱中则表示重复前音，[②]即重复音记号。但是，为何其记号只在《普庵咒》中标记，而不用于其他乐曲呢？对比分析就会发现，其小黑点与节拍记号中的小黑点形状近似，假如用于《北寄生草》

[①] 杨荫浏：《工尺谱浅说》，音乐出版社，1962，第3页。
[②] 杨荫浏：《工尺谱浅说》，音乐出版社，1962，第2页。

《锁南枝》《四边静》等曲之中，两者容易相混，用于《普庵咒》之中，是因为其节拍记号只有"○"和"△"两种，所以容易分清哪种是节拍记号，哪种是重复音记号。当然，这只是一种推测，或许另有其原因，不过，"、"记号是用来表示重复前音，这一点不会有误。

五、关于埙曲的调

对埙曲进行译谱，除了对谱字、节拍记号及演奏符号，必须实行仔细对照，全方位分析，深入研究之外，调的确认也是其中较为重要的问题，这个问题不解决，译出来的谱就会不准确。以下对《埙谱》中的全部乐曲，进行严格的对照分析。

《埙谱》中云："工尺字无论何调，俱以小工音字填之，此乃时俗简便之法，若施之于古律则有断难行者，以律吕商下字面不符也，今于夹钟、大吕、黄钟三调皆填本中音字，不用小工，惟应钟、林钟与南吕上下相近，可以小工从事。"

从其记述中可以了解到，全用小工调记谱，容易出现律吕以及高低音不符现象，因此用于夹钟、大吕、黄钟记写。但是，应钟、林钟与南吕，可以用小工调记谱。

有关《北寄生草》使用什么调，《埙谱》中有"角音律中夹钟乙调谱"的记载。明确指出了用的是"乙调"。"乙调"即工尺谱调中的"乙字调"（工尺谱调中有上字调、尺字调、小工调、凡字调、六字调、五字调、乙字调），"乙字调"相当于现在的"A调"。[①]

[①] 杨荫浏：《工尺谱浅说》，音乐出版社，1962，第4页。

《北寄生草》使用的调是 A 调，所用拍子是 $\frac{4}{4}$ 拍，一个强拍和三个弱拍组成一个节奏单位。但是，从谱面上可以发现，节拍记号标记的多少以及位置，多处有误，如：第一行进拍处"×"之后"旧"上方多了一个黑点，下面歌词"水"字右边及最后两个谱字"羊木"上方多了两个黑点，再下面"是"字旁的"夫"谱字上方少了"、"或"L"记号。另外，第二行最上边的"渡"字右边"○"记号，应该标记在"广"上方，而不是"木"上方，并且，这里也少了一个记号。第三行上面"可"字右侧"旧"上方，应标记"×"而不是"、"，"广"上方也少了一个记号。

有关《锁南枝》的调，《埙谱》中曰："商音律中大吕五调谱。"明确指出用的是"五调"，"五调"即"五字调"，"五字调"相当于今天的"G 调"。

这首乐曲，在节拍记号的标记方面，同样存在缺少记号、标错位置，以及记号不对等问题。如："遍"字右侧"旧广"谱字的上方，不应标记"区"，其记号应记写在第一拍的后半拍处；另外，"、△、"三个节拍记号重叠在了一起；下面"人"字旁的"∧"上方少了"×"记号。

《懒画眉》这首乐曲，在拍子上与《北寄生草》《锁南枝》相同，用的是 $\frac{1}{4}$ 拍，但是，所用的调则不同。有关《懒画眉》的调，《埙谱》中有"宫音律中黄钟六调谱，黄钟埙吹，用黄钟本宫律字填写，不假借于小工"的记述。"六调"即"六字调"，"六字调"与今天的"F 调"相同。但是，这首乐曲的旋律则表明不是用的"F 大调",而是"d小调"。

《新梁州序》这首埙曲,所使用的调,《埙谱》中有"变宫律中应钟凡调谱……故仍填以小工不改律"的记载。"凡调"即"凡字调","小工"即"小工调"。如按"凡字调"译谱,出现旋律不顺、音程关系不对的现象;按"填以小工不改律"的记述来译谱,旋律较为流畅自然。另外,从《埙谱》中的"惟应钟、林钟与南吕上下相近,可以小工从事"的记载,也说明了"应钟"可用"小工调"记写。

《四边静》所用之调,如《埙谱》中云:"羽音律中南吕工调谱。""工调"即"小工调","小工调"相当于现在的"D调"。工尺谱中有七个调,其中以"小工调"为主。

《古琴相思曲》在拍子上与其他几首埙曲不同,是用 $\frac{1}{4}$ 拍记谱,而并非 $\frac{2}{4}$ 和 $\frac{4}{4}$ 拍。有关使用的调,谱中没有明确指出,但是,从"羽音主律变入商音复还本宫谱"的记述,可以看出这首乐曲依然是用"小工调"记谱。按其调译谱,旋律自然流畅,与书中记述相符。

《埙谱》中,除了上述乐曲之外,还记写了诵经曲《普庵咒》中的几段,并且说明了乐曲反复较为频繁,因而只记其中几小段,对于如何反复也做了说明。有关《普庵咒》的调,没有明确指出,但有"羽音南吕主律,尾声转入商音谱"的记载。另外,再从《埙谱》中说的"南吕可用小工从事"的记述,可推断出《普庵咒》同样也是用"小工调"记谱的。

结语

综上所述,在第一节中,论述了《埙谱》所使用的谱字之形成;

第二节中,将《埙谱》中的节拍记号与工尺谱的节拍记号进行了比较对照,证明了《埙谱》的节拍记号均来自工尺谱;第三、四节中,《埙谱》使用的颤音符号、重复音记号,无论观其形或释其意,与工尺谱完全没有差异,因此也说明了二者之间的关联。另外,为何重复音记号只用于《普庵咒》之中,笔者也提出了自己的见解。在第五节中,有关埙曲的调,依据书中的提示,再与工尺谱的调名进行对照分析,证明了所用的调名同样也是来自工尺谱。

通过以上几个方面,对《埙谱》进行了全面的比较分析,提出了笔者之见,并且,将有代表性的埙曲译成了五线谱,以供《埙谱》研究者参考。

工尺谱节拍记号		《埙谱》节拍记号	
腰板与腰眼	实板与实眼	腰板与腰眼	实板与实眼
L	、正板	⊾	× 正板
L	· 头眼	L	、头眼
△	○ 中眼	△	○ 中眼
L	· 末眼	L	、末眼
⊾	× 赠板		— 底板
L	· 头眼		
△	○ 中眼		
L	· 末眼		
	— 底板		

谱例一

谱例二

原载于《中国音乐》，2001 年第 1 期

于连军

个人小传

于连军，号土风，1968年出生于河北保定满城。河北省省级非物质文化遗产"陶埙艺术"项目代表性传承人，保定市陶埙文化研究会会长，保定市民间文艺家协会副主席，莲池书院雅乐乐团创办人。

幼时，受母亲的启蒙，排行老二的于连军非常喜欢音乐。七八岁的时候，于连军偶然接触到埙，并师从棠湖一脉第三代传人吴明阳先生[①]。十六岁，他开始学习声乐、钢琴等。

1988年高考，于连军报考河北师范大学音乐系声乐专业，以埙曲《北寄生草》成功通过才艺展示考核，但由于邮递失误、父亲车祸受伤严重等原因，他放弃音乐学院，进入工厂上班。工作之余他

---

① 棠湖一脉先师吴浔源传保定著名乐师段中甫，段中甫传吴明阳、于春林等，吴明阳、于春林传于连军。于春林是于连军本家叔祖父。

经常代表厂里参加各种省级、市级职工歌唱、演讲、朗诵比赛，并且多次取得骄人成绩。

2000年，于连军再次开始了自己的埙学历程，他师从棠湖一脉第三代传人，也就是他的叔祖父于春林，系统研修陶埙的演奏和制作、古谱认读、祭拜窑神、传统拜师礼仪等埙学精要。

2003年，叔祖父于春林病逝后，三十五岁的于连军便独自踏上了广传埙学、承继埙道的漫漫长路。

最初，于连军在古城保定东大街、西大街及各大高校附近走街串巷，摆地摊。一段时间后，他便有了七八名长期跟随学埙的固定学员。之后，他租下了大慈阁北行二百米路西的一家门面，正式创立了"埙馆"。

2011年10月24日，于连军沿袭先师祖制开山门，按照传统拜师礼仪收下十名埙学弟子，并且在保定师范附属学校教育集团、南关小学、永华南路小学开设埙社团，常年公益性地为孩子们教授埙艺，累计授课千余节，教授学员万余名，被评为"保定好人"。

于连军教授埙艺

2014年6月，于连军参加第七届河北省民俗文化节开幕式演出，演奏埙曲《步虚辞》。

2015年9月，在保定市文旅局领导的关注、促成下，以及莲池书院博物馆馆长柴汝新的大力支持下，埙馆由东大街171号迁至莲池书院博物馆。于连军率先将非遗与旅游有机结合，与莲池书院博物馆合作建立陶埙艺术馆。

2017年，于连军创建莲池书院雅乐乐团，特制棠湖埙用于雅乐，他率领弟子与乐团成员用近四年的时间，整理、翻译了唐宋元明清五代的《诗经》乐谱；细致考察了湖北随州、安徽灵璧等全国多地的名家乐器，募捐置办了一套编钟、编磬、建鼓、舂牍、琴、瑟、柷、敔、笙、笛等八音乐器，恢复了莲池圣殿昔日祀圣演礼的盛况。乐团成员三十余人，每周六上午在莲池书院博物馆花南研北草堂圣殿礼乐厅进行《诗经》雅乐的展演，朝夕吟咏，三年不辍。

《诗经》雅乐展演

《诗经》雅乐展演人员合影

莲池书院博物馆被推介为"非遗进景区"的典型，2020年入选保定市首批非遗研学体验基地。中国文联副主席、中国广电社联会副会长胡占凡曾莅临考察莲池埙馆，闻埙声、观雅乐后，当场为于连军填词一首《踏莎行·保定听埙》。于连军按词谱曲，合作创作埙箎合奏曲《踏莎行·保定听埙》，广为传唱。

于连军将"陶埙艺术"和"陶埙文化"，分别申报为河北省省级和保定市市级非物质文化遗产保护项目。他是非物质文化遗产保护项目"陶埙艺术"和"陶埙文化"项目代表性传承人。

2017年5月8日，于连军参加由文化部组织在曼谷中国文化中心举办的"第四届中泰文化艺术节暨2017泰国—河北文化年活动"，演奏埙曲《北寄生草》。

于连军参加中泰文化艺术节

2019年，于连军受邀参加成都国际非遗节"中国民族乐器传统技艺竞技"比赛，获得"太阳神鸟传承匠心奖""太阳神鸟演技之星奖"。

2020年，于连军与方文山、陈致逸、周深搭档出品歌曲《花西子》，网络播放量达到了上千万次。中央电视台为于连军拍摄了长达二十八分钟的《陶埙》专题纪录片，河北电视台为其拍摄了古埙专题片《听古埙　看古礼——保定古埙》、保定首部大型非遗纪录片《守艺人·聚匠心》，其传略被辑入《保定文化产业名人谱》。

于连军秉承棠湖埙原汁活态传承，在《棠湖埙谱》编纂发源地——古城保定，数年如一日辛勤耕耘；常年传承弘扬陶埙艺术，是棠湖六孔埙的忠实制作匠人、研习者，接待过"中国寻根之旅夏令营"、巴西里约大学、美国泽维尔大学爵士乐团等来自美国、巴西、加拿大等三十多个国家的团体和友人，向世界讲述保定埙艺术原汁原味的故事。

与外国友人交流，引领古埙传向世界

指导外国友人领略古埙艺术魅力

在作品方面，于连军改编创作埙曲《老母儿爷亮堂堂》《太行九歌》，创作埙篪合奏曲《踏莎行·保定听埙》，翻译整理了古乐谱《新梁州序》《北寄生草》《锁南枝》以及《诗经》乐谱等三百余篇乐谱。

（本人提供）

相关典章

于连军和埙

一、埙的声音

没有什么比这种声音更能打动人的了。它来自远古，带着泥土的味道，带着秋风的味道，浊而喧喧然，数千年来在晴朗的日光或素洁的月光之下，洞穿人们的灵魂。这便是埙。于连军是现今世界上为数不多的吹埙人，他在保定旧城东大街上开了一家埙馆，这是一家很不起眼的小店，不刻意寻找你就会擦肩而过。埙馆的对面有面包店、广告公司和麻将馆，旁边还有一家寿衣店。埙馆往西百步远，是保定古刹大慈阁，它在地势上也是保定府的制高点，大慈阁下面的十字街上布满了小吃摊、算卦摊，求佛烧香的善男信女穿梭其间。东大街上人来车往，络绎不绝。于连军不在店里时，没有多少人会留意他门前的老树桩和木刻的牌匾，而埙声响起，如织的人流会骤然停顿，驻足聆听。我在散文集《乐音十三听》中，曾写过这样一个真实的故事：立秋之日，于连军躺在大慈阁的背阴里吹埙，感动了一个人，这人是保定城中卖狗肉的刘三。那时，刘三刚在馆子里做完狗肉出来，带着一身的土腥气，给正午的日头一晒，他更是浊气盘桓、晕头涨脑。就在这时，埙的声音飘进他耳朵里，像水一样，让他心神一涤。循声望去，他看到了躺在墙阴下的于连军和摆在日光里的一大片埙。"这东西挺神，像鹅蛋又像心。"刘三暗自说。这时吹埙的于连军没有看他，仍在"呜呜"地吹。"多少钱一个？"刘三问。于连军抬眼看了刘三一下，仍然没有说话，继续吹他的埙。乐谱在他的头边放着，被风掀起来，又落下。"真是神仙一个。"刘三自语着。他顺着于连军的目光向上看去，大慈阁的红墙和顶上的瓦灰，瓦灰间摇曳着几束绿草，绿草上是无垠的蓝天……埙声在响，幽深，旷远，哀婉，绵绵不绝……于连军在吹，刘三在听。日影在他们中间悄悄地动。"泥土之音啊。"刘三觉得有泪水在眼眶中充盈。于连军停了，猛地坐起来，瞪大眼睛打量着面前的人，问："你说什么？""埙声让我想到了我娘。"四目相视，默然无语，他们似乎在回味消逝的埙声。片刻，于连军走到日光里，指着那片埙说："不要钱，你挑。"

二、关于埙，于连军如是说

到底是多大和埙结的缘分，具体我也说不清楚，只记得是七岁或八岁，老家江城村口有一个大集，每星期两回。在"文革"的后期，读书并不重要，在集上玩是我最幸福的时光，我愿意看那清清

爽爽的卖蔬果的摊子，那花花绿绿的卖布匹的摊子，还有散发着香气的烧饼摊、馄饨摊、酸辣粉摊。当时家境并不宽裕，我不能在这些摊位间尽兴，只能转悠着饱饱眼福。

一次，卖布的有事，让我替他看一下摊子，我小，又怕布丢了，就趴在他的布堆上看了半个时辰，他回来，挺感激，随手送我一个东西，说："拿回去玩吧！"我接过来，一看是一个土蛋子，不沉，心是空的，有四个孔，放在嘴上一吹，我听到一种奇怪的声音，那声音撕心裂肺，仿佛牵着我的魂儿走。我闹不清楚这到底是什么东西，但觉得它很神奇，仿佛是我遗失的胞衣，在我苦闷的时候，在月圆或下雨的晚上，我总将它捧出来，吹一吹，那声音在缺少灯光的村庄里，传得很远，幽幽地震颤着我和村人们的心……若干年后，我知道了这东西叫埙。

开始做埙是在二十多年之后。我在老家的宅院里盘了一座上窑，从太行山脚下采集红土，从江城村北的古河道里采集黑土，和自家庄稼地里的黄土掺和在一起，加水调和成泥，在青石板上反复揉摔，去除杂质，把泥中的气泡赶尽，再把泥料放在陶轮上拉成埙坯，然后摆在炕上晾干，晾干到不沾手时，开孔定音，这时的埙其实就能吹出悠扬的曲调了。泥埙很好看，但不易保存。真正的埙要经过窑火的烧制，烧窑前还要烘窑，用桃木枝烘烤，据说可以驱邪消灾。幸好我家周围有大片的桃林，这也许是上天的赐福。早春二月，家家都要给桃树剪枝，我去地里把它们捡回来，在院子里堆成垛，有的枝上还有花骨朵，我挑出来泡在水盆里还能开花，我很欣慰，觉得让它们死掉的生命又灿烂了一回。烘窑一般选在上午，傍晚时把晾干的埙坯装上窑床，砌好窑门。烧窑时用煤，第二天早上日出之前点火，前火要小，中火要稳，后火要急。添煤看火，里边还有好多麻麻道道儿。这一窑能烧出百八十个，碎品率在20%左右，埙出窑后，还要再次校音，拿到市上，有一半要送给有缘的人。在2004年年底，我在大慈阁附近开了一家埙馆，目的不为挣钱，在于结交看埙、听埙、懂埙的人，几年来，通过我与埙结缘的人，有千余人。同时，我还到学校里给学生讲课，让他们听一听几千年来祖先传下的泥土的声音。不管人们怎样看待我和我的埙馆，我都不会在意，但我却要呼吁人们，善待埙，倾听它，吹奏它，体味它内在的品质。我觉得它是上苍赋予人类灵魂的又一双眼睛。

三、关于埙，史书这样说

《中国古代音乐史》开篇之首，便是埙，它描述说："埙是中国最古老的乐器之一，在中国古代音乐史及至世界史前文化艺术史中，均占有极其重要的地位。"《乐书》说："幽王之时，暴辛公善埙。"《拾遗记》中也有庖牺氏"灼土为埙"的记载。《尔雅》注："埙，烧土为之，大如鹅子，锐上平底，形如秤锤，六孔。小者如鸡子。"《三礼图》记载："大如鹅卵，谓之雅埙；小者如鸡子，谓之颂埙。"《旧唐书·音乐志》："埙，曛也，立秋之音，万物将曛黄也。埏土为之……"《诗经》："天之牖民，如埙如篪。"《乐书》："埙之为器，立秋之音也。平底六孔，水之数也。中虚上锐，火之形也。埙以水火相和而后成器，亦以水火相和而后成声。

故大者声合黄钟大吕，小者声合太簇夹钟，要皆中声之和而已。"埙是我国古代重要的乐器之一。三千多年前，我国古代依据制造材料的不同，把乐器分为金、石、土、革、丝、竹、匏、木八种，称为八音。八音之中，埙独占土音。埙在整个古乐队中起到充填中音，和谐高低音的作用。古人说："正五声，调六律，刚柔必中，清浊靡失。将金石以同功，岂笙竽而取匹？"把埙看作与钟、磬一样，具有同等重要的地位，而其他乐器是无法与它们相比的。已知最早的埙，出土于浙江余姚河姆渡文化遗址，距今已有七千多年的历史，陕西半坡出土的埙也已六千余岁矣！

原载于《保定晚报》，2009 年 10 月 31 日

于连军的陶埙情

说起保定天威保变电气股份有限公司线圈车间员工于连军，认识他的人都送他俩字——"埙痴"。他在工余时间潜心陶埙的制作、演奏和陶埙文化研究，现已成为保定市非物质文化遗产"陶埙文化"传承人。

于连军早在七八岁时，就和陶埙结下了不解之缘。那次，在老家江城村口的大集上，于连军偶然得到了一个"泥笛儿"：有四个孔，放在嘴上吹，能发出一种奇特的声响，好像能牵着人的魂儿走，于连军对其爱不释手。晚饭后，村里的小伙伴们，总爱聚到村头玩

捉迷藏，他却常常坐在桥头不厌其烦地吹"泥笛儿"，并且越吹越响亮，那声响在缺少灯光的村庄里，幽幽地传得很远……直到后来，他才知道，儿时吹的那个"泥笛儿"竟然是大名鼎鼎的"埙"。自己钟情多年的"泥笛儿"有了名字，于连军欣喜之余，更暗下决心，非要把这种民族乐器了解透彻不可。他先后在北京、石家庄、西安等地买过几个埙，但发现这些埙音阶不准，只是工艺品。"何不自己做呢？"想法一出，于连军就一门心思地投入研制之中。

于连军只是在书本上看到过埙的介绍，要自己做可不是简单的事，他每天工作之余想的都是陶埙。为了学习陶器的制作，他遍访满城县许村、雄县孤庄头等保定周边县市村镇，拜陶艺师傅为师。

2000年，于连军在老家的宅院里盘了一座土窑，从太行山脚下采集红土，从江城村北的古河道里采集黑土，和自家庄稼地里的黄土掺和在一起，注入清水调和成泥，去除杂质，在青石板上反复揉搓，把泥中的气泡赶尽，然后把泥料放在陶轮上拉成埙坯，埙坯摆在炕上晾干，晾到不沾手时，开孔定音。这时的泥埙就能吹出悠扬的曲调了，但不易保存，真正的埙要经过窑火的炼制。很快，于连军的六孔埙制成了。更大的喜悦随之而来，于连军查阅史料得知，早在周代时期，我国音乐便有七声音阶存在，如清角、变宫、变徵等。于是，前七、后二、顶一的十孔埙成竹在胸。

2004年，于连军的十孔埙成功出窑。

2005年，于连军自筹资金，创设保定市陶埙文化艺术承习会，从事教学传播活动。2009年，他成功研制出阴阳和合埙。2010年，

"陶埙文化"被确定为保定市第二批非物质文化遗产,于连军为传承人。同年,他被《保定文化产业名人谱》收录为文化名人。他的学生吕昂用陶埙演奏的现代乐曲《菊花台》,喜获"2010年第六届全国校园才艺选拔活动"全国总决赛器乐类小学组二等奖,并成功入选中央电视台校园之声大型文艺晚会彩排节目。

于连军说,他要通过自己的努力,让更多的人了解埙、爱埙,让这种物质和精神的遗产能够一代一代传承下去。

原载于《河北工人报》,2011年8月24日

埙声幽幽　此爱绵绵

日前,著名陶埙制作、表演、传承艺术家,保定市非物质文化遗产传承人——保定陶埙文化研究会会长于连军,应邀率土风古乐乐团参加了保定市国学学会联欢活动。土风古乐乐团用陶埙、缶、碰钟等传统民族乐器表演的《国学致礼·太行九歌》,古风古韵,气势恢宏,把对传统音乐和传统文化的传承展现得淋漓尽致,让古城的国学爱好者领略了中华先祖在音律上的造诣。

说到埙,很多人都很陌生,但它却是一种伴随着我们民族从远古一直走到今天的陶制乐器。古书记载:"埙之为器,立秋之音也。""烧土为之,大如鹅子,锐上平底,形如秤锤。"埙的声音质朴、苍劲、幽深、哀婉、绵绵不绝,仿佛能洞穿人的灵魂。

于连军七八岁时有人送他一个"土蛋蛋",空心的,不沉,放在嘴上吹,能发出一种奇特的声响,于连军爱不释手,常常坐在家乡村头的桥上,不厌其烦地吹。若干年后,他惊喜地发现,儿时吹的那个"土蛋蛋"竟是大名鼎鼎的埙。于连军十六岁接受正规声乐训练,游学于中央音乐学院、天津音乐学院,以及河北师范大学等院校。他先后在很多地方买过埙,音阶都不准。2000年,于连军在老家院子里盘了一座窑,经历了一次次失败后,2004年,一枚枚神奇的陶埙从于连军的窑中出世。

于连军在保定大慈阁下摆起地摊。陶埙一亮相便吸引了众多市民围观,多数人是第一次看到,所以看的人多,买的人少,买回家也只是当摆件。于是,于连军开始向对埙感兴趣的人传授演奏技法,并将技法印制成册免费发放。

2004年年底,于连军在大慈阁下创设埙馆。几年来,跟他学埙的在册学员已经超过千人,其中不乏来自美国、日本、英国、挪威的国际友人。各类公益演出活动中也常常看到他的身影。

2005年,于连军组建了保定市陶埙文化艺术承习会;2009年,他成功烧制出阴阳和合埙;2010年,"陶埙文化"入选《保定市第二批市级非物质文化遗产保护名录》,于连军被评定为该项目代表性传承人。

于连军说,是埙成全了他,他又传承了埙。在于连军看来,埙是古圣先贤智慧的结晶,心中千百次虔诚的膜拜和对埙的倾心,终于促成了一次庄严、肃穆、神圣的传统拜师典礼。典礼现场,随着平稳庄重的埙声，于连军和来自江西以及河北的石家庄、秦皇岛等地的十名弟子集体对陶埙祖师进行叩拜。随即宣读告文，敬呈拜师帖，保举人、鉴证人签字。按照传统礼仪收徒，有利于文化的全息传承。石家庄市的刘萱是拜师弟子中年龄最长的一个，她说："在遇到困难时，埙声能让我浮躁的心平静。"温少龙是河北大学的大三学生，他说："古老的埙，蕴含着先人的智慧。吹埙时，常会找到与远古先民对话的感觉。"

去年，在有关部门的帮助下，保定陶埙文化研究会正式挂牌成立，于连军任会长。研究会旨在对埙的演奏、制作，以及埙的文化内涵进行挖掘、研究、整理和推广，以使古老的陶埙文化重放异彩。目前，于连军正在着手组建河北省埙文化研究会。

原载于《河北日报》，2012年2月1日

活动年表

1976年，跟随棠湖一脉第三代传人吴明阳学埙。

1988年，艺考时演奏陶埙，因术科过关通知单被落下、家逢变故而选择放弃修学，进入工厂。

2000年，重新拿起埙，跟随叔祖父于春林系统研修陶埙的演奏、制作、古谱认读，以及祭拜窑神、传统拜师礼仪等埙学精要。

2003年，在满城许村、雄县孤庄头等地学习现代制陶工艺，将传统手法与现代工艺相结合。

2004年，烧制出十孔埙，正式创设埙馆。

2005年，成立保定市陶埙文化艺术承习会，并于2011年注册更名为保定市陶埙文化研究会。

2008年2月，携弟子赴山西大同考察云冈石窟。

2010年，成功申报"陶埙文化"为保定市第二批非物质文化遗产。

2010年，参加"莲池讲坛"百期回顾与展望座谈会。

2010年，特制"大成""至圣"两枚埙，参加河北省祭孔大典，实现河北省祭孔首次"八音齐鸣"的雅乐盛典。

2011年，参加第三届全国鼓手大赛，表演本人创作的埙缶合奏曲《太行九歌》。

2011年4月，用陶埙为影片《老汉也疯狂》配音，为其提供室内主体剧情录制场地，兼任该影片陶埙制作艺术指导。

2011年10月24日，首开山门，按传统拜师礼仪收下十名弟子。

2012年，创作埙曲《老母儿爷亮堂堂》，还原了燕赵大地纯朴百姓的原始生活风貌。

2013年5月，受邀往河北大学工商学院举办"太古元音——陶埙文化艺术"讲座。

2013年5月25日，到沧州市吴桥——吴浔源故里寻根，以陶埙演奏的方式祭拜先师。

2013年8月21日，在保定莲池书院博物馆举办"古莲池旁诉太古·芙蕖香中忆元音"暨《棠湖埙谱》成书一百二十五周年纪念活动。

2013年9月，成功申报"陶埙艺术"为河北省第五批省级非物质文化遗产。

2013年11月，做客河北大学国际交流与教育学院，举办陶埙文化艺术讲座。

2014年6月，参加第七届河北省民俗文化节开幕式演出，演奏本人亲自译谱的《步虚辞》。

2014年，应邀赴石家庄市群艺馆参加"大雅古乐复兴"音乐会，与来自日本的尺八大师神崎宪交流合作。

2015年4月5日，沿着先师吴浔源足迹考察北京杨椒山祠，寻觅明清两代保定制埙在京城的踪迹。

2015年5月，协助天津音乐学院复制东周楚王墓地出土的两枚陶埙。

2015年10月，在保定师范附属学校开设"小传承人班"公益课。

2015年，研制出六孔增音文化埙并申请专利。

2016年5月，做客河北省图书馆，主讲"冀图讲坛——古埙艺术浅析"。

2016年9月，接待叶嘉莹先生，研究会乐队成员现场演奏古埙曲，叶先生现场吟诗并题字留念。

2017年1月，与研究会成员前往河间，考察国家级非遗"河间歌诗"项目，与几位代表性传承人交流学习。

2017年1月，拜访音乐家许如辉的女儿许文霞女士，考证许如辉先生与陶埙艺术之间的甚深渊缘。

2017年5月，参加由文化部组织的"第四届中泰文化艺术节暨2017泰国—河北文化年活动"。

2017年11月3日，举办"正声秋月"雅集活动。

2018年3月，在南关小学开设"小传承人班"公益课。

2018年8月，应邀参加"京津冀手工类非遗项目巡展暨中国·保定非遗大展"，并携乐团成员及部分弟子参加开幕式演出。

2018年9月，参加由中宣部、文旅部共同主办的首届"全国非物质文化遗产代表性项目·代表性传承人培训班"并顺利结业。

2018年10月，携乐团成员出席"中华礼乐恢复保护研讨会暨曾侯乙编钟编磬礼乐展演"，取得良好反响。

2018年10月，应邀参加全国首届埙艺术展演与学术研讨专委筹备会。

2018年，考察湖北随州、安徽灵璧等地，购置编钟、编磬、建鼓、柷、敔等雅乐乐器，创办莲池书院雅乐乐团并展演至今。

2019年6月，当选为保定市民间文艺家协会副主席。

2019年10月，受邀参加第七届中国成都国际非遗节"中国民族乐器传统技艺竞技"比赛，获得两尊奖杯及三份证书。

2019年11月，应邀参加全国礼乐教育实践探索研讨会。

2019年，在永华南路开设"埙社团"公益课。

2020年1月，参加"百花迎春——2020年保定市文学艺术界春节联欢晚会"，表演埙篪合奏曲《踏莎行·保定听埙》。

2020年6月，受国货美妆品牌花西子邀约，与方文山、陈致逸、周深合作出品宣传曲《花西子》。

2020年，主持申报的莲池书院博物馆被评为保定市首批非遗研学体验基地，"陶埙艺术"被列为传承保护项目。

曾格格

个人小传

曾格格，原名曾昭斌，满族，1969年5月4日出生于北京。著名笛箫埙演奏家，"新民乐"开创者，中央民族乐团国家一级演员，2008奥运福娃全球推广宣传大使，中国埙文化学会副会长，中国环境保护文化促进会理事。

曾格格六岁起随父习笛，七岁进入北京少年宫，十岁就读于中国音乐学院附中。她先后师从南派竹笛大师赵松庭先生、北派竹笛大师王铁锤先生、马宝山教授、张维良教授、何维清教授及作曲家金湘教授。1993年，她把失传的玉笛、玉箫搬上舞台，演奏著名的敦煌千年古曲《伊州》《箫韵》。1995年，她获得中国民族器乐独奏大赛银奖。1996年，她领衔主演的《敦煌乐舞》获文化部颁发的文华奖。2001年1月23日，她在中央电视台春节联欢晚会上表演《天上人间》。2001年,曾格格从中国音乐学院研究生班毕业。2007年3月,她与丈夫冯晓泉作为2008奥运福娃全球推广宣传大使,在英国伦敦英超体育场为现场观众演出,由张荣华大师为其定制了一套极具特色的福娃埙。2008年8月,奥组委宣布将永久保存这套福娃埙。2008年8月,她应邀参加北京奥运会开幕式,在鸟巢演出。2009年10月1日,她在天安门广场参加国庆六十周年联欢晚会演出。

曾格格与福娃埙

曾格格在日本、南非、新加坡等国家及中国澳门、北京、广州等地举办多场专场音乐会,在美国林肯会议中心、德国柏林爱乐大厅、奥地利维也纳金色大厅、希腊雅典希罗德古剧场、南非太阳城、俄罗斯克里姆林宫、新加坡维多利亚音乐厅、日本东京艺术剧院、英国巴比肯音乐厅、澳大利亚悉尼歌剧院等世界著名艺术场所传播中国音乐艺术,还多次参加中央电视台春节联欢晚会、文化部春节晚会等众多国家级重大活动,并担任CCTV民族器乐大赛决赛评委。

在演艺生涯中，曾格格获得过多项荣誉，包括第八届中国金唱片奖、文化部中央直属团体器乐演奏奖、美国中美文化艺术委员会颁发的2006中美文化十大魅力人物奖、国庆六十周年联欢晚会贡献荣誉证书、广西国际民歌节最佳改编奖、中国音乐电视大赛金奖、中共中央宣传部颁发的第七届"五个一工程奖"。此外，她的歌曲《你是第一》荣获2008奥运会优秀歌曲奖，她本人也荣获"十大竹笛青年演奏家"称号。

（刘豪、罗井昕整理）

"福娃埙"与奥运日记

2007年初，奥组委委托北京青年报社在三月份到英国伦敦的英超联赛赛场做一场2008奥运会吉祥物福娃的宣传推广活动，让冯晓泉和曾格格作为福娃的形象大使表演一个节目，初定的是他们的《天上人间》，因为大家都觉得这个曲目最能代表中国传统文化的精髓，集形式美与内涵美为一体。他们接到这个邀请时真是激动万分。自从北京申奥成功后，他们就一直想为2008奥运会做一些贡献，当时就想有什么办法能让福娃与表演结合得更加紧密。两人一开始就想到了乐器，几经琢磨，他们最后想尝试把福娃和中国最古老的乐器埙结合起来。因为这次是让福娃走出国门，让国际友人认识福娃，了解北京，喜欢上中国文化。

埙已经流传了几千年了，最能体现中国的文化，而且声音悠长。当时他们找到了中国制埙大师张荣华，张先生说："七千年的古乐器埙能与现代奥运相连，这对于中国古老文化遗产的传播会起到巨大的推动作用。"但如何将福娃和埙结合起来仍是一个难题，最关键的就是音准。

历经十个月的反复探讨、打磨，这套堪称艺术品的乐器——福娃埙终于面世。

冯晓泉、曾格格与福娃埙

2007年，作为奥运福娃全球推广宣传大使，冯晓泉和曾格格第一次为六万名英国观众用福娃埙演奏了他们创作的奥运歌曲，现场观众立即被这五枚活灵活现的福娃埙吸引了。

在采访中，记者看到了这五枚福娃埙，它们不但颜色鲜艳，形象与福娃完全吻合，而且外表还泛出瓷器一样晶莹剔透的光泽，指孔变成了福娃的眼睛、鼻子和嘴。

历届奥运会任何一个举办国也没有把奥运吉祥物和本民族古老的乐器组合在一起，他们在世界上开了一个先河。这全球唯一的一套福娃埙已经被奥运博物馆收藏。

"这套福娃埙也许是我们的'幸运星'。当我们得知能够站在奥运开幕式的舞台上演出，那是多么幸运和激动呀！能参加奥运会这样震撼世界的大场面是每个人梦寐以求的。于是我们约来了才华横溢的造型师谈天为我们鸟巢的登台设计造型，为此我们反复沟通和探讨，直到最终确定。优秀的服装设计师豆豆为我们设计定做了两套既具有中国元素又充满时尚特色的演出服装。我和晓泉参加过无数演出，可是在奥运开幕式的前一天晚上都难以入睡，整晚我都处于半梦半醒的状态。为了有一个完美的形象和全世界的观众见面，我们早早地来到了化妆室，化妆师将我和晓泉精心细致地打扮了一番。待一切准备就绪，我们带着自己特殊的乐器福娃埙和演出服装赶往了工人体育场。

"终于到了鸟巢的入口，我们被工作人员快速有序地带到了休息室，按规矩我们是不能离开屋子的，志愿者怕我们不能观看开幕式，还特意为我们搬来了电视机。当主持人说全体起立时我们所有演员全部站在电视机前行注目礼。那一刻我为我身在这样强大的祖国感到无比自豪。中国队入场之后，我们所有演员被带到了鸟巢中央候场准备演出。当时有很多国家的运动员在给我们拍照,还向我们表示非常喜欢我们手里的福娃埙,当然他们可能还不知道这是乐器。当我站在鸟巢中心,万众瞩目的第二十九届北京奥运会开幕式在国家体育场(鸟巢)震撼上演,有着五千年文明史的中华民族与代表人类最高理想追求的奥林匹克完美融合,为全世界奉献了一场视觉和心灵的饕餮盛宴。当空中礼花绽放,亿万颗心热血沸腾之际,作为奥运推广大使,我们以一首与好友、词作家金明,联手打造的活力四射、动感十足的奥运获奖歌曲《你是第一》登上鸟巢的舞台,其中间奏部分融入了福娃埙的演奏,向全世界展示了中国传统文化的魅力。当时难以控制的泪水浸湿了我的眼眶。我们长达八年的准备终于在这一时刻向世界展露风采。我和晓泉就站在那用万人足迹完成的画卷舞台上,我感觉我似乎是到了另一个世界,毫不夸张地讲,我看到似乎只有在科幻电影里面才能看到的情节,所有的人都在距离我很远的看台上。我和晓泉很开心,我们跳出了我们从未跳过的舞步。那一刻我觉得自己像是第一次登台的孩子,抛开一切尽情地向全世界人民展示我们的风采。"

刘豪根据晓泉格格博客日记整理

活动年表

1987年,赴内蒙古参加中国艺术节,被誉为"小神笛"。

1993年，把失传千年的玉笛、玉箫搬上舞台，演奏著名的敦煌千年古曲《伊州》《箫韵》，被海内外观众称为"千年玉笛第一人""玉笛圣手"。

1996年，赴澳门举办两场名家名曲音乐会。

1997年，由中国台湾任诗杰唱片公司出版发行个人专辑《春潮》。

1998年春节，在奥地利维也纳金色大厅演奏《春江花月夜》《大胡笳》。

1998年3月，赴英国演出，在英国巴比肯音乐厅表演笛曲《鹧鸪飞》《三五七》、埙曲《阳关三叠》、箫曲《傍妆台》。

1998年10月，赴俄罗斯克里姆林宫参加为中国喝彩大型演出，表演《踏春歌》。

1999年春节，再次赴奥地利维也纳金色大厅参加新春音乐会演出。

1999年2月，赴德国、丹麦、瑞典巡演。

1999年，赴韩国参加中、日、韩三国大型歌会，表演《牧歌》。

2000年春节，赴澳大利亚悉尼歌剧院演出《雪山》《雨中花》《世纪风情》《踏春歌》等新民乐作品。同年赴法国、意大利、荷兰、比利时、德国、西班牙、葡萄牙、卢森堡等国家巡回演出。

2000年11月，在日本东京举办八场"新民乐——冯晓泉曾格格专场音乐会"。

2001年1月23日，在中央电视台春节联欢晚会上表演《天上人间》，向人们展示了民族器乐与现代音乐的最新结合。

2002 年，参加中央电视台春节歌舞晚会，表演《逍遥自在》。

2005 年 2 月 26 日，赴南非演出。

2008 年 12 月 2 日，赴日本参加中国文化节的开幕演出，表演新单曲《花月夜》。

2010 年 3 月 12 日，在国家大剧院与中央民族乐团一同上演"泉释风格——冯晓泉曾格格 2010 专场音乐会"。

2012 年 8 月 11 日，在北京中国剧院领衔演奏由中央电视台音乐频道主办的"光荣绽放——十大演奏家歌唱家系列音乐会"第四场"十大竹笛青年演奏家音乐会"。

2018 年，在中央电视台音乐频道录制埙曲《满江红》。

张荣华

个人小传

张荣华，1948年出生于北京。笛箫埙制作名家、演奏家，非物质文化遗产"埙艺术"传承人，中国非物质文化遗产保护协会埙专业委员会副会长，"荣华"埙创始人。

张荣华自幼酷爱音乐，不惑之年拜曾永清先生为师深造笛艺。

1985年，张荣华返京回到故乡，作为一名普通的工人，勤勤恳恳、兢兢业业地工作，但对音乐依然情有独钟。

1989年，张荣华在北京琉璃厂的一家乐器商店里看到了埙。到现在，张荣华仍然记得，那枚埙外表的颜色像红砖一样，很漂亮，陶土做的。

一次在曾永清老师家中习笛时，张荣华碰到了中国煤矿文工团著名管乐演奏家佟富功先生，佟先生的旅行提包里有各种吹管乐器，其中一枚尼龙材质的埙吸引了张荣华的注意,这枚特殊材质的埙让他产生了制埙的想法。

张荣华从离家很远的建筑工地挖来胶泥,捏成埙的形状放到炉子里烧。可那些胶泥在熊熊炉火中,要么变了形,要么"咧开嘴",就是不成样子。他一次次尝试,一次次失败,却并没有感到苦涩,反而激发了他更大的研究兴趣。只要遇到有腔体的物品,他就会想起埙。架子上的葫芦,孩子手里的可乐罐……他都要在上面钻上几个眼,忘情地吹几声。他期望着有一天能亲手制出一枚埙,让天籁之声在耳边响起。

到1991年的时候,张荣华当时从事的是汽车修理工作,工作中经常会用一种树脂。忽然有一次,他鞋上粘了一块,抠的时候,他无意中看到树脂把鞋印印得特别真,一掰还很硬。那时候,张荣华忽然有了用树脂制埙的想法。正是吃中午饭的时候,他饭也不吃了,用报纸揉了一个团,包上一层塑料布,简单地弄了一个内芯,然后赶紧把这种树脂和好了以后包上去,加火一烤,立刻就干燥了,锯开后,形成两个半壳,再把它们黏合,这样就有了一个空腔。张荣华把它打磨光后,用钻头把孔打上。接着,他就开始试吹这枚自己做的"埙",当时一试就是埙的声音,但是高音吹不响。一件乐器要想吹响,并不是有一个形就行。只要有一个空腔或者空管,开个孔,一吹就一定会响,但是在上面再扎一个针眼大的小孔,再吹又不响了。这是什么原因呢?这个问题张荣华研究了很长时间,他完善工艺,摸索配方,制作工具……一枚枚造型完美、音质纯正的埙从他那简陋的小小工作室里陆续诞生。就此，他完成了从陶土埙到树脂埙的工艺上的革新。

1993年，张荣华在前人完成的九孔埙的基础上，创造性地研发了制埙新工艺，解决了长久以来"埙音难准、高音难吹响"的两大问题，增强了埙的抗振性，并首次使埙系列化，可按十二平均律定调，能准确制作高、中、低三个八度，三十六调埙。按不同调，每枚埙在大小、形制和外观上有了严格的标准，埙从此成为规范、成熟的乐器。他实现了历史上第一次埙的标准化与规范化的生产制作，创立了"荣华"这一埙的品牌。

1997年，张荣华在埙的基础上研发的另一新乐器——陶笛试制成功。1999年，双音陶笛研制成功。也是在这一年，刘宽忍与张荣华合作，开发出了音域更宽、音色更美、高音更好吹的十孔埙，大大拓展了埙的表现力，获得国家专利，为埙的七千年历史再次写下了光辉的一页。

1997年，张荣华（左）为张维良的《问天》制作全套所用乐器埙

1999年，张荣华创办北京市华韵乐器厂，专门从事传统乐器的研制与开发项目。2000年，他撰文提出埙制作的标准化。

2002年，刘宽忍邀张荣华（右）来西安考察

张荣华制埙如修行，三十余年来，在埙的制作领域研究不辍，硕果累累，新的作品不断问世——宽音域十孔埙、倍低音埙、单体复式卵形埙、和声埙、陶笛Ⅱ代、双音陶笛、新管笛、箫等，还开发了有深厚文化内涵的作品"埙篪相和"，为2008年北京奥运会创制福娃埙，并创建了"埙乐团"这一新的音乐艺术表演形式。

在长期的教学实践中，张荣华认识到埙"迩而不逼，远而不背"的独立音色与合作精神是民族器乐里面独具特色的代表，他预见到埙乐团是埙在未来的一个重要发展方向。自2000年，他开始亲自教授培养学生，六年后，选出二十四名学生组成第一支少年埙乐团，亲自编配《茉莉花》，于2006年10月中国埙文化学会成立大会上首次亮相，那是人们第一次聆听到埙乐团的和声。

2006年，张荣华在少年宫所教学员

张荣华指挥埙乐团

此后，张荣华与中央音乐学院戴亚教授深度合作，不遗余力地推动着埙乐团的发展建设。2009年，中国青年埙乐团组建成立，受邀参加中央音乐学院第二届民族管乐节，在国家大剧院演出，两位作曲家郭洪钧、程大兆专门为埙乐团谱曲《土风》和《忆》，埙乐名家刘宽忍先生担任领奏。从此，"埙乐团"这种全新的演奏形式吸引了专业音乐院校的极大关注。

2009年，中国青年埙乐团表演

2009年，张荣华亲自指导中央音乐学院的学生吹倍低音大埙

2013年，荣华埙馆组建"伯氏埙乐团"，大力弘扬埙乐文化。

2016年,伯氏埙乐团在中国音乐学院演出王珏的作品《回》

2016年12月,张荣华支持创建的中央音乐学院"龙之吟"笛埙乐团正式成立,在全国各地巡演。

2016年,中央音乐学院"龙之吟"笛埙乐团在中央音乐学院歌剧厅演出

此间,国际知名作曲家秦文琛教授与张荣华先生几次会面,深入了解各种埙的发音特性、音阶范围。

国际知名作曲家秦文琛为了创作埙曲,了解埙的各种性能,与制埙大师张荣华反复探讨并记录了详细的一手资料(图片从左至右:张颖铮、张荣华、秦文琛)

张荣华还与京剧跨界合作,为《智斗》中的三个角色唱腔进行乐器的量身打造。在如何继承传统的问题上,张荣华也有他独到的见解:"仿古是可以的,但第一不可能占主流,第二不能打着传统的旗号为自己的粗劣产品开绿灯。古人为我们留下的东西在今天看来是有些粗糙,但在那个生产力水平比较低下的时代已经是最好的了。要继承古人精髓的东西,我们看问题应该有历史观。另外,任何一种乐器的制作,一定会随着人们社会实践的发展不断地迈向更高的阶段,如果不能适应发展了的社会实践的需要,它就会慢慢地走向灭亡。历史的遗存只是为我们提供了一个参照,墨守成规、坐吃山空是守旧的和落后的,还需我们运用现代人的眼光和智慧加以发展、完善,以及科学地创新。我们看问题还应该有发展观。"

近年来,张荣华正积极致力于埙乐和埙文化的推广和传播,进行埙的普及教学与系列讲座等活动。他的埙成为众多名家使用或收藏的精品。"荣华"埙已经超出了乐器本身的含义,成为增进国际友谊、传递美好真情的信物。由于张荣华对埙的传承与发展有突出贡献,他被一些媒体誉为"中国制埙第一人"。"荣华"埙的出现,标志着中国制埙史开创了一个新时代。

以下为部分"荣华"埙图片:

系列套埙

陶埙

双彩绘龙埙

朱红金龙埙

双枚大埙

福娃埙

(刘豪整理)

相关典章

厚德载物,御风而行
——记张荣华的艺术人生

陈奕如

孤影寒窗挑灯月下

埙篪相和音声荣华

不改数载玉壶冰心

一专一事行迹天涯

——童年笛声里的《小白船》

1948年,张荣华出生于北京的胡同里,后随家人来到黑龙江。

张荣华从小就喜欢动脑筋，经常鼓捣出一些小玩意儿。偶然一天，他在一名青年的宿舍墙上看到了一节竹子，上面有孔，还能发出清亮悠长的声音，一问才知道这就是竹笛，张荣华立刻对这节小巧的竹子产生了强烈的兴趣。20世纪60年代的竹笛一角钱一支，这对于一个孩子来说是一笔不小的负担。然而他并没有放弃，喜欢的东西自己做，这是张荣华骨子里天生的硬气。他回到家就把小时候爱用的钓竿锯了。用火筷子在钓竿上捅出了笛腔的形制，并按照自己的手形在钓竿对应手指的位置都打了一个洞，又把钓竿的内膛捅开。就这样，凭借着那只看了一眼的印象加上自己的想象，张荣华制作出了人生当中的第一支笛子。那一年他十二岁。

造物的成就感滋养着张荣华心底喜爱音乐的种子，从此他开始不断地琢磨与尝试。每天上学放学的几里地，就是张荣华的音乐时间。在山间，在田野，附和着春燕的呢喃，倒映着落日的余晖，人们总能听到一个小孩稚嫩的笛声。就这样日复一日，一年后，少年张荣华用自己做的笛子吹奏出了《小白船》。

汽修厂里传天籁

自古埙篪更相和，童年吹笛的经历也为张荣华与埙结缘埋下了伏笔。成年后的张荣华成了北京汽车修理厂的一名工人，没有人想到在钢板和橡胶中许多年后会走出一位乐器制作家。20世纪80年代，国家发展日新月异，那个曾经在山野吹笛的少年此时已为人父。上班时张荣华在汽修厂焊接涂漆，下班后就回家研究笛子的制作，每天深夜，他定会在零时准时收听一档《老于谈民乐》的节目。这一天，张荣华照例打开收音机，里面突然传出一种从未听过的声音，很遥远，很古老。这一刻，张荣华感觉时间都静止了，深深沉浸在旋律的一张一弛之中。他所听到的正是第二十三届奥运会上，由杜次文先生吹奏的埙曲《楚歌》。自此，埙这种古老的乐器便在张荣华的心底又播下一颗种子。这一年，他三十八岁。

埙是我国特有的闭口吹奏乐器，产生自新石器时代，最早出土的有无音孔埙、一音孔埙和二音孔埙，在世界原始艺术史中占有着十分特殊的地位。然而在20世纪80年代，埙还鲜为人知。这让张荣华对这件古老的乐器更加好奇。他翻阅图书资料，走遍大街小巷，终于在琉璃厂的一家乐器店里发现了摆在角落里的一枚埙。水滴形状的陶体，披着砖红色的外衣，细腻的肌理泛着雾水般的光泽。张荣华立刻被吸引住了，他仔细端详，爱不释手，把这枚埙深深地印进眼里，刻在心上。然而当时身为一名普通工人的张荣华，七十元一枚的价格仍让他望而却步，但是那一次与埙的相遇，令他时至今日，仍念念不忘手捧陶埙时那份沉甸甸的重量。

张荣华真正意义上制作出埙已经是十几年以后的事情。1993年，张荣华在曾永清先生家里见到当时煤矿文工团的佟先生，与他讨论起陶土制埙的成型问题，受其启发，打破了一直以来埙应陶制的概念。但是使用什么材料可以既方便成型又避免开裂？这个问题萦绕在他的脑海里挥之不去。念念不忘，终有回响。一日午间休息，张荣华在食堂进餐，忽然发现鞋子上粘了一块带着透明光泽的物质，取下观察，是树脂。树脂是一种有机聚合物，受热后呈半固体状态，可钻可磨，冷却后不易开裂。张荣华眼前一亮，这不就是做埙最好的材料吗？时无二话，他放下筷子跑回车间，烧制、定型、钻孔、打磨，一系列工序前后用时四十分钟，终于制作出属于自己的第一枚埙。尽管许多细节尚未完善，但是对于张荣华来说，他的人生从此打开了一扇崭新的大门。

制埙道阻且长，并非灵光闪现一蹴而就，在制出埙之前的这十几年里，张荣华从未停止过思考与追寻。工作之余他喜欢到书市溜达，如今，他还清楚地记得在旧书摊淘到的那本《乐器小百科》，对于其中介绍埙的章节记忆犹新。每逢节假日，他就去乐器厂参观，还经常拜访考古研究所刘振伟先生，讨教历史。张荣华形容自己对笛埙的感情是："酷爱之心，从未泯灭。"孤影挑灯寒窗下，唯有热爱，方可抵御岁月漫长。他的热爱也因为有家人的支持而更加纯粹和坚定。在他四十三岁的时候，有幸拜在笛子大师曾永清先生门下，开始接受专业正统的训练。张荣华认为："吹不好笛子就做不好笛子。"尽管已过不惑之年，他还是朝乾夕惕，以极高的学习热情和吃苦耐劳的精神得到了曾先生的肯定。也是在那个时候，张荣华做了一个重要的决定——潜心研究制作技艺，十年只为玉壶冰心！

"荣华"埙的孕育与诞生

随着贾湖骨笛的出土，人类文明被推进至八千年前。我们很难想象在物资匮乏、条件艰苦的远古时期，先民们如何制作出种类如此丰富、乐律如此明确的文化遗存。人类对美的追求，推动着历史的长河奔腾向前。如果说七千年前暴辛公发明的埙，是先人感知神灵的载体,是亡者安抚灵魂的寄托;那七千年后张荣华制作的埙,则是怀着对天地自然的敬畏,以及内心深处对音乐的执着追求。张荣华认为,有生命的埙是被赋予了美学含义的,这种美和人一样,需要内外兼修。外从形制上,尊崇最自然的手指状态开孔,以黄金分割法确定高宽,卵形埙体的设计,朱砂红的外衣,彰显着神圣与庄重;内从音声上,坚持以音乐三要素为基准,即稳定的音准、充足的音量、纯净丰润的音色。张荣华重视制作的每一个环节,尤其是对音准的把握。埙对气息十分敏感,校音器只能作为辅助,为此,他不断摸索、推翻、重演,力求每一枚埙最大程度达到稳定的状态。书痴者文必工,艺痴者技必良。张荣华的痴迷成就了一批又一批优良精致的埙,他也将多年求索的经验心得汇集成一份《中国古乐器埙制作标准化探讨》(以下简称《标准化探讨》),提出乐器制作的规范、统一,是其普及化、专业化发展的重要基础。

张荣华同时提到乐器演奏的群体化方向,这将成为埙可持续发展的潜力空间。埙从新石器时代至今,历经数千年,凝结着古代先人的智慧,传承着古老文明的辉煌。埙的演奏,之前更多是建立在独立的个体之上。张荣华继探讨埙的标准化之后,又开始探寻埙演奏的重奏模式。2006年,由他指导的北京市少年宫少年埙乐团在埙文化学会成立大会上精彩亮相,以一首《茉莉花》刷新了人们对于埙和声概念的认知。2009年,中国青年埙乐团成立,并受邀参加中央音乐学院第二届民族管乐节,在国家大剧院由刘宽忍先生领衔演奏了作曲家郭洪钧、程大兆先生为埙乐团量身创作的《土风》和

《忆》，得到了专业音乐院校的高度关注。2013年组建伯氏埙乐团，成员有尚未弱冠的少年稚子，也有行业精英的博士、博士后。2016年，中央音乐学院"龙之吟"笛埙乐团正式成立，这是由著名笛箫演奏家、教育家、中央音乐学院博士生导师戴亚教授担任艺术总监，与著名笛箫演奏家、博士生导师刘宽忍教授共同筹备组建的全国首支笛埙交融的专业笛埙乐团。该乐团的成长受到国家艺术基金支持，委约了一批笛与埙的重奏作品，在全国各大音乐厅举办专场音乐会，受到业界以及社会广泛的关注。一时间，百花吐蕊，争相而出。

人之一生，放之寰宇，犹如稊米之在太仓。悟专一事，倾尽一生，虽微小亦窥天地玄黄。张荣华始终守护着心之始源，用一笛一埙架起人生的高楼。他认为，艺术本身就是一种境界，笛埙艺术即是他人生境界的观照。他的一位老朋友说，张老师本身给人感觉就是一枚大埙。笔者知道他的意思：埙德至厚，德厚才能载万物。笔者采访张荣华先生时，正值先生为百年梨园老笛进行修复工作，这支笛子的主人是京剧界的一位老师，据说这支笛子到他这已经传了三代百年，最早是梅兰芳戏班的笛师使用。而张荣华也已投入埙与京剧跨界的乐器制作与曲目研究的工作中。他的心是自由的，始终以音乐为媒，不断地发现新的自己，超越自己；生命不息，力行不止，御风而行。

继往而开来　传承并发展

——当代著名制埙大师张荣华老师

曾格格　冯晓泉

与张荣华老师相识于二十多年前。那时他的作品刚刚问世，但还没有太多人知道，有幸先获得他制的埙的同行，又往往将张老师保密起来，以期延长"私用"价值，我们是几经辗转找到了张老师的。他开朗、质朴、热情，我们一见如故。他既是慈祥的长者，又童心无限、率性真诚，我们因此成为忘年交。后来我们有过多次的合作，不论是录制节目还是一起参加帮助贫困山区孩子的公益捐助活动，我们感到张老师就像水上的行船，载着年轻人前行。

2007年，我们作为北京奥运会吉祥物——福娃全球推广宣传大使将赴英国宣传推广奥运福娃。张老师历经十个月，特别研制了世界首套福娃埙。这套"会唱歌的福娃"，不但参加了在英国伦敦英超体育场的演出和在鸟巢的奥运会开幕式演出，更是在奥运期间奥运展馆展出之后，被奥组委永久收藏。

张老师有很多创新的东西，既实用又符合现代审美，他从不囿于成规，也不墨守古法。比如他的新材料的笛子和箫，他的和声陶笛，他的麓，还有他尚在研制的排埙。他常说，他们这一代除了要把老祖宗的东西发掘出来，还要发展它，得给后人留点属于这个时代的好东西。这一点，与我们最初做新民乐的思想不谋而合。由于我们忙于日常的各种演出，张老师的制作与教学也日益繁忙，我们与张老师会面不多,但常常是相互记挂的。

"千埙共鸣炎黄土,独尊唯我荣华埙。"仅以此表达我们对于张荣华老师的敬意和祝福。

2016 年 8 月 18 日

当代中国制埙名家张荣华先生

乔建中

埙是中国新石器时代乐器的重要代表,也是产生并使用最早的陶制乐器之一。自 20 世纪 20 年代起,通过考古发掘,黄河全流域、长江流域中下游、辽河流域上游等一大批古代墓葬中,先后有大量陶埙出土,由此反映了原始时代这一古老乐器地域分布的多发性和广泛性。

中国古代的陶埙,器材、器形多样,音质深沉醇厚,多数用于历代官廷"八音"乐队,与其他乐器一起发挥典仪、祭祀的功用。随后,逐渐散播于民间,作为自娱自乐把玩之器。

历来,无论官廷抑或民间,埙的制作均具有一定随意性,致使这一古老乐器音域不宽、音律不准,无论独奏合奏,皆受很大局限。自 20 世纪 50 年代起,为了克服传统埙的上述缺陷,使之步入中国现代器乐表演艺术之列,一批致力于陶埙改进、改良的"乐改"专家,对陶埙的形制、工艺、音域、音色、音质、新的演奏技艺等进行了长时间的钻研探究。张荣华先生就是其中致力最勤、费心甚多、成就影响最大的一位。

近三十年来，荣华先生对制埙工艺、技艺进行了全面不懈的改进实践。一方面，他尊重历史，广泛搜寻相关文献和出土器物，使自己的研发、研制有充分的历史依据；另一方面，又以当代专业器乐表演艺术实践为出发点，在音域、音准、音色、表现力、融合力等方面反复试验、精确计算，力求研发工作的科学性、准确性，尽量追求该类乐器外观与内在审美的高度统一。在这一精专精神的指导下，他的研发成果最终被中国民族乐器制作领域誉为"荣华"埙，他本人成为当代制埙事业的一位优秀代表。

本人确信，张荣华先生对传统埙的改进和高水平研制，将对这件古老乐器获得新生，以及当代中国器乐表演艺术的提升产生十分深远的影响，也同样为中国民族器乐艺术的国际文化交流做出更大的贡献。

2016 年 8 月 20 日

活动年表

1995 年 7 月，应邀出席北京师范大学和美国纽约大学联合举办的"高科技时代的艺术教育"国际研讨会，为古埙文化进入国际信息高速路提供了原始实物资料及录像资料。

1997年，在埙的基础上，成功开发出陶笛，使陶笛正式成为标准乐器，登上音乐舞台。

1999年，研制成功双音陶笛、三音和声陶笛，可吹复调与和声，获国家专利。

2000年，以合成新管材制作笛箫试制成功。该新管材笛箫物理特性与声学特性稳定，不会因气候原因发生劈裂，适应北方地区寒冷干燥的气候。

2000年4月16日，应人民日报社之邀，在"庆祝张学良百年华诞座谈会"上，将两枚高二十厘米、直径十六厘米的特制倍低大C调埙献与组委会。两枚大埙由全国人大常委会、统战部及人民日报社相关人员共同组成的代表团于2000年6月2日带往夏威夷，赠送到张学良将军手中。

2000年10月，完成埙的标准化认证，填补了中国古埙历史上"无定制、无标准"的空白。

2001年4月，建立全国首家专业的埙网站"埙之韵"。

2001年7月，研制出单体复室玉兰形埙，开发出音域可达两个八度、音色更美的十孔埙，大大拓展了埙的表现力，获得国家专利。

2006年10月，支持成立"中华文化促进会埙文化专业委员会"，由他指导的北京市少年宫阳光少年埙乐团首演《茉莉花》。

2007年6月，成功复原古乐器篪，使得这一几近失传的古老乐器得以重返现代舞台。

2007年，为北京奥组委制作福娃埙一套。

2008年6月，应微软中国公司之邀特制"埙篪相和"，赠送比尔·盖茨。

2009年11月，支持组建中央音乐学院第一支专业青年埙乐团——中国青年埙乐团。

2010年始，对于全国的出土文物埙进行全面考察，进行古代埙的探究及复制工程。

2010年，受香港城市大学之邀，开办讲座并进行演出。

2011年，为刘宽忍国家大剧院埙专场音乐会"土韵"全程制作使用乐器，现场所用埙总计二十九枚，其中以曲名命名的小埙"满庭芳"是当今舞台演奏的最小的埙。

2013年，为现代京剧《沙家浜》量身定做埙与陶笛共三枚，分别代表胡传魁、刁德一和阿庆嫂，并在埙文化学会主办的北京春季埙雅集中首演。12月，应湖北卫视《我爱我的祖国》栏目组邀请，为大众解说千年古埙并表演此现代京剧之中的经典片段。

2015年，先后两次受邀出访韩国，传播埙文化。

2016年12月，与国际知名作曲家秦文琛先生签约合作，进一步推动埙乐在国际舞台以及世界范围的发展。

2020年10月，受北京海淀区邀请，做一场关于埙的主题音乐讲演——"德者之音"音乐会，并进行线上直播，将埙的厚重与亲民特质有机地结合。

2020年11月起，开始埙与京剧的跨界课题研究。

个人小传

张维良,1957年出生于江苏苏州。笛箫演奏家,中国音乐家协会会员,中国音乐家协会管乐研究会副会长,中国民族管弦乐协会竹笛专业委员会会长,中国音乐学院国乐系教授、主任、博士生导师,南京东南大学名誉教授,北京音乐家协会副主席,华夏室内乐团团长。

张维良自幼喜爱音乐,八岁开始学笛,后跟随赵松庭、冯子存、刘管乐、王铁锤等名家学笛。早年他改编的古曲《秋江夜泊》《梅花三弄》等已成为经典而广泛流传。他被很多人称为"中国笛王""圣手箫王"。

张维良1982年在全国民族器乐独奏比赛中获优秀表演奖(笛子组第一名)。1983年,他创作的笛子独奏曲《太湖春》获中国音乐学院首届创作比赛二等奖。1987年,他参加海内外江南丝竹比赛，获一等奖（集体）。也是在这一年，他演奏的《清明上河图》（箫与筝篌）获国际放送基金大奖；出版的中国第一张激光唱片《箫的世界》获中国金唱片奖。1988年，他创作的笛子独奏曲《南韵》获全国第六届器乐作品创作比赛三等奖。

1995年年底，张维良创建了华夏室内乐团并任团长。1996年，他率团参加法国现代音乐节，获得极大的成功，乐团被誉为"中国最有希望的演出团体"。

张维良的奖项还远不止于此：2000年，舞蹈《庭院深深》获中国电视舞蹈比赛一等奖（担任音乐创作）；2001年，舞蹈《缘》获俄罗斯世界舞蹈比赛金奖（担任音乐创作）；2002年，古筝与电子音乐《沧浪秋吟》获中央电视台"新光奖"一等奖（担任音乐创作），2002年，他本人荣获北京市"德艺双馨"奖；2003年，创作的男子独舞《竹梦》音乐获"桃李杯"全国舞蹈大赛音乐创作一等奖；2009年，由他所带领的中国民族器乐教学团队荣获"北京市优秀教学团队"。

2006年，张维良在其创办的华夏室内乐团的基础上组建了中国音乐学院华夏民族管弦乐团。这支乐团的成立旨在不断拓宽民族器乐的创作、表现空间，从东方美学的角度，对创作、表演的风格特色进行合理的审视，同时提炼和归纳器乐演奏和技能训练的经验，使民族器乐的教学方法不断增进科学性与合理性，在新的时代探寻民族器乐合奏形式的多种可能性。在这个平台上，具有不同风格、流派特征的民族器乐演奏家，都可以展示其才艺、彰显其观念；具有不同创作风格的作曲家，在民族器乐创作领域中，都可以利用这个平台，不断进行探索和创新。

华夏民族管弦乐团成立以来在国内外进行数十场演出，受到社会各界的广泛好评。

张维良曾在英国皇家音乐厅举办三次独奏音乐会，与法国里昂电子音乐中心合作研究电子音乐制作，在美国卡内基音乐厅和林肯中心、意大利米兰威尔第音乐厅、巴黎奥利维拉·梅西安音乐厅、奥地利维也纳金色大厅、卢森堡爱乐音乐厅、埃及开罗歌剧院等举办音乐会，出访欧亚美非数十国举办音乐会，与多位知名指挥家及乐团成功合作，先后出访菲律宾、奥地利、法国、英国、荷兰、德国、丹麦、日本、塞内加尔、毛里求斯、印度尼西亚等十几个国家和地区演出、讲学，多次参加国内外的重大演出，均获成功。

在教学中，他将自己的体会与教学实践相结合，培养的学生有九人先后在国内外重大比赛上获奖。

张维良是最早发起并实践"新民乐"的音乐家之一，不仅引进西方元素到民乐中，还用现代作曲技法创作笛箫独奏曲和协奏曲。多年来他不断创新，探索求变，积极在其音乐中融入 NewAge（新世纪音乐）、爵士乐、世界音乐等不同种类，并与世界各地的艺术家紧密合作，进行跨界演出。

除了演奏与教学以外，创作也是张维良艺术领域中的重要一环。他主张打破固有框架，突破局限，勇于创新，并创造性地在笛子演奏中运用了全音阶及十二音序手法，将笛子的音域扩展至三个八度，这种后现代手法也被他运用在箫的演奏上。此外，他还出版专著

《竹笛艺术研究》《中国竹笛教程》，发表论文《中国笛乐文化发展的透视》《张维良谈中国音乐发展》等多篇。

张维良虽是笛箫演奏家，对埙却也有着极大的偏爱，家中收藏着许许多多的埙。他多次与张艺谋、陈凯歌合作，担任电影《菊豆》《大红灯笼高高挂》《霸王别姬》等影片配乐的独奏。《菊豆》配乐中便使用了埙，《霸王别姬》更是整部电影音乐仅采用埙一种乐器，这在电影史上实属少见。

北京奥运会开幕式上，大型团体表演《自然》配乐的作曲、配器，以及整个开幕式全部文艺演出的笛箫演奏都由他担任。

（罗井昕整理）

民族器乐的继承与开拓
——张维良笛箫音乐会随笔

修海林

今年年初在北京音乐厅举办的张维良笛箫音乐会，在音乐界，尤其是民族器乐的同行中引起了较大的反响。热情的赞誉和有保留的肯定，甚或于在某些方面的尖锐批评，都表明了人们对这场音乐会的重视。当然，这场音乐会不同意见的并存，是有益于讨论的展开的。这也从某个角度说明了这场音乐会在民族器乐的继承与开拓上的现实意义。

评价这场音乐会，可能离不开对今年音乐创作"新潮"的估价。当然，这里只是就"新潮"创作的影响而言，因为笛箫音乐会引起争议最多的，恰恰是音乐会中占相当比重的新曲目，包括与此相关的演奏风格、审美旨趣等一系列问题。在此意义上，笛箫音乐会可视为在近年音乐创作"新潮"影响下，于民族器乐专门领域（笛箫）所做的大胆的开拓性的努力。如果说在以西方管弦乐形式为主体的专业创作领域是后浪逐前浪，而在以东方（中国）民族器乐形式为主体的专业创作领域，则似乎是有新气象。笛箫音乐会的举办，在此音乐文化生活的背景下，应当说是有创新意义的。

从传统器乐的创新与探索讲，笛箫音乐会亦有其独到的追求目标，从音乐会曲目的安排可以看出，这场音乐会演奏的作品，既包括以传统民族民间音乐为素材而改编的笛箫独奏曲，也包括在传统笛箫演奏风格、技法的基础上，运用某些传统和现代作曲技法而创作的笛箫独奏曲与协奏曲。传统笛箫曲与新创笛箫曲各占一定数量，新旧各异而相兼共存。从这点上看，笛箫音乐会与近年音乐"新潮"创作中主要集中在管弦乐队形式写作的不同之处在于，它着眼于古老的笛箫音乐这一民族器乐形式的继承、开拓与创新。

就笛箫音乐传统的继承而言，音乐会于传统民族乐风方面，既有据北方民间二人台曲牌改编的笛曲《柳摇金》，又有具江南丝竹乐风的《鹧鸪飞》；既有据浙江婺剧曲牌改编、具男性气质的笛曲《三五七》，又有据河北民间曲调改编、民俗风情浓郁的笛曲《卖菜》；

另外还有张维良本人根据苏州民间音乐改编的箫曲《梧桐月》。以上所列曲目，意味着这场笛箫音乐会在传统器乐曲以及与此相关的演奏中，对传统笛箫曲音乐审美风格旨趣、韵味意蕴诸方面的继承。笛箫音乐在我国有着几千年的发展历史，已形成不同地域、流派的独特风格，正所谓"音有南北，器有楚夏"。我国传统器乐曲，在长期的音乐文化生活中，形成某种独特的风格与韵味。因此，在民族器乐的演奏中，必然应考虑到这种传统的审美习惯，包括与此相应的演奏特点。在张维良笛箫音乐会中，我们可以发现，演奏者在掌握传统笛箫曲的音乐风格以及不同地区、流派的音乐特点方面，其精湛的表演技艺与细微的音乐处理令人信服。当然，音乐的审美风格、情趣也并非一成不变。在中国近代音乐文化受到西方音乐文化的冲击，以及民间音乐创作、演奏受到专业作曲家和演奏家（他们大都接受的是现代音乐教育）的冲击下，即使像古琴这一类在演奏风格、形式上最为"传统"的乐器，音乐的审美情趣也在一代甚至几代人中间发生了或多或少的变化。因此，我们才说传统本身就意味着发展。

这场笛箫音乐会最引起人们关注的地方，实际上是其中数量较大的一批新创乐曲，尤其是那些用现代技法创作的笛箫曲。就像这场音乐会的曲目安排一样，继承不意味着对创新、开拓的回避；创新、开拓也不意味着与传统的割裂。音乐会表演的创新笛箫曲，本身也包含了"传统"与"现代"两种类型的作品，如黄晓飞的《笛子协奏曲》与杨青的《笛子同乐队的对话》《咽……》，以及汪海平的《箫（小）曲两首》《箫与弦乐"三章"》。就这些乐曲的演出效果讲，基本上可以说是成功的，但这并不意味着令所有人满意，由于评价角度不同、仁智相见，存在着不同意见也是自然的。专业创作领域中某种音乐观念、音乐思维形式的改变，音乐社会传播中所形成的不同听众层，民族器乐创作中新的探索、追求，以及整个社会音乐生活中无论在专业音乐还是通俗音乐创作中都呈现出的开放性与多元性，都说明对问题的认识是多方面的。

从这场笛箫音乐会的表现形式与演奏技巧上来讲，由于演奏者与作曲者的共同追求和努力，有着重要的突破。评价其对整个笛箫演奏艺术上的发展做出了可贵的贡献，是不为过的。在这些笛箫新作品中，作曲家几乎是用尽了南北笛曲各种吹奏技巧，演奏家也是利用半孔、叉口、口风，以及细微的气息控制，在笛箫上准确而自由地演奏全部半音、各类音程音序及其曲折变化。节奏与力度的复杂变化与强烈对比，音色与气息的多种变异与急缓刚柔，以及音域的扩展，都在不同程度上丰富和完善了笛箫的音乐表现力。若把笛箫音乐的创新和发展放到更为广阔的历史文化背景上来看，我们从中亦可以感受到一种巨大的时间和空间的历史跨度。例如在乐器的自身特点方面，于数千年前便已相对成熟、具有"手工业"性质的东方笛箫类乐器与在近代工业与科学技术发展基础上形成的西方管弦乐器协奏、"对话"；在表演曲目方面，以在中国民族音乐发展中逐步形成的、相对稳定的传统音乐思维写成的笛箫乐曲与运用某些现代作曲技法（甚至直接采用严格的"十二音序列"手法）、表现某种新型音乐思维特征的笛箫曲共为一场；在音乐审美情感、意境的表达方面，既有充溢着地道的民族音乐的风格、韵味与情致的乐曲，也有或试图以现代技法表现古乐之超然、空灵意境，或尝试以现代技法表现今乐之险绝、奇壮之情势的乐曲。这些概括囿于文字，尽管不一定十分准确，但由以上三方面所体现出的巨大时空感，却正好反映了我国当代民族音乐发展道路的宽阔，以及由此带来的创作上的充满生机与多元化倾向。

就音乐的民族文化特征来讲，每一个民族的艺术都有着自己的传统，蕴藏着自己的民族性。但是艺术作品的民族化，作为一种阔大的艺术规范，若从我国民族音乐经历过的漫长的历史过程来看，无论汉魏、隋唐、明清，其发展的道路以及每一时期音乐的民族化内涵都是宽阔与多元的。在继承原有的艺术传统与吸收外来艺术成分之间，不是封闭狭隘的，而是开放兼容的。从我们至今仍能感受到的，自"五四"以来的中外音乐文化的交流、碰撞、融合来讲，恰恰为现当代新型音乐文化的发展带来无限生机，尽管其中确实存在着某种欧化倾向。就像历史经常告诉我们事物发展的复杂性，今天民族器乐在创作、欣赏中已经取得的相对稳定的审美意识、旨趣，甚至为我们的作曲家所熟用的音乐语言及其音乐思维逻辑，又何尝不带有这种中西音乐文化交融的痕迹呢？现当代中国民族音乐作为新型音乐文化的一部分，在记录其历史发展进程的书卷上，必然要写上"广采博取，融会贯通"这八个字，所以我们对待民族音乐的创新，是鼓励在传统或现代创作技法方面做大胆尝试的。

讨论最终要到音乐的民族性问题上来，由于对问题的不同理解，分歧也往往在这里产生，或者说这是一个在理论上和实践上并未妥善解决的问题。从音乐历史的宏观角度来看，民族性本身就是一个历史过程的产物，它自身亦处于历史的发展之中。当然，在强调音乐的民族性并非一成不变的同时，也必须看到在一定的历史文化范围内，其具有一种音乐风格、情感的普适性。而这种普适性本身意味着它具有传统的延续性。因为从文化宏观的发展来看，不可能在脱离传统的根基上建立一种与前代文化"割裂"的文化层来。完全"割裂"的超越是不存在的。人们对某种新文化现象，是逐步接受并逐步改变着自身的观念的。民族性是与传统分不开的，普适性也是与传统分不开的。问题只在于，传统自身意味着发展。某个时期音乐风格、情感的普适性只是音乐历史文化发展长河中相对稳定时期的产物，是某种审美标准进入相对稳定而对某种文化形态相对"固定"的认识与把握。艺术的发展必定出现对传统的超越，尽管超越并非是"割裂"。无论是从欧洲文艺复兴，还是从中国近现代以来的音乐发展的宏观历史看，音乐形式的不断发展、创新是主要的趋势，几乎每一个时代都有自己的"现代意识"。音乐自身在音色、力度、织体、结构上的创新更是层出不穷。可以这样认为，当新的超越在传统的基础上以新的面貌出现后，便会形成新的普适性；在经过一段相对稳定发展阶段后，又会有新的超越来打破原有的稳定状态，而形成事物发展的新的推动力。中国近现代音乐的历史发展，自"五四"前后直至今日，实际上已为我们提供了可借鉴、认识历史的经验与规律。

按照历史唯物主义的观点，必须从人的现实生活中去寻找文化艺术发展变化的终极原因。音乐的本质在于表现人的内在情感生活，其表现方式是着眼于人的内在情感体验的动态形式——情绪（包括伴随其中的各类细致入微的心理活动）。音乐是在时间中展开的动态形式，是以人的内在情感体验为直接表现对象。因此，我们始终强调音乐语言（包括其创作技法）变化的最重要的原因，就在于人的情感生活的变化，即所谓"情变听改"。作曲家之所以热衷于不断寻求新的音乐技法与表现形式，正是为了适应表现新的情感生活。换句话说，当原有的音乐表现形式已经不能适应新的复杂情感表达时，作曲家必定要创造和寻求新的音乐语言以适应内在的需要。当然，创新的音乐形式必须能够包容民族的情感特性而使之具有自身的文化价值，就这一点来讲，这是当代音乐"新潮"创作中并未解决好而又与其作品文化价值密切相关的问题。这点对于当代民族器乐创作中如何有意识地考虑和把握音乐中的民族审美情感心理特性问题，其成功的经验与不足的地方，都是值得借鉴的。

原载于《人民音乐》，1987年第7期

笛埙箫大师张维良音乐会举行

昨晚，天津音乐厅沉浸在空灵、悠扬的妙境之中，"凤凰台上忆吹箫——笛埙箫大师张维良经典名曲音乐会",为观众带来了一次纯净超然的心灵体验。

有着"圣手箫王"之美誉的张维良出生于1957年,1982年毕业于中国音乐学院笛子专业,现为中国音乐学院教授。

作为一位集创作与演奏于一身的音乐家,张维良曾在《菊豆》《大红灯笼高高挂》《霸王别姬》《荆轲刺秦王》等数十部影视作品的配乐中担任独奏。他还是北京奥运会开幕式音乐《自然》的主创。张维良为舞蹈《庭院深深》《缘》《竹梦》等创作的音乐曾在中外比赛中获大奖。

在昨晚举行的音乐会上,张维良为观众演奏了《春风送暖遍江南》《山村迎亲人》《行云流水》《凤凰台上忆吹箫》《良宵》等经典曲目。他极富个人魅力的演奏,过滤了喧嚣,有种悠然的古韵,观众透过乐曲表现的山月、佳人、飞雨、仙客等内容,感受着带有深深的中华民族之情感烙印的意趣,宣泄着发自内心的自然之情。他的演奏受到了观众的热烈欢迎。

原载于《天津日报》,2010年4月18日

活动年表

1987年,出版中国第一张激光唱片《箫的世界》,获中国金唱片奖;在北京音乐厅举行个人笛箫独奏音乐会;人民音乐出版社出

版发行其音乐入门丛书《笛箫演奏法》。

1992年1月，举办"别梦"独奏音乐会。

1993年，与法国著名长笛演奏家弗朗索瓦联合举办专场音乐会。

1995年6月，举办"忆吹箫"独奏音乐会。

1995年年底，创建华夏室内乐团并任团长。同年，由人民音乐出版社出版发行其音乐入门丛书《箫演奏法》。

1996年，率团参加法国现代音乐节。

1997年，推出箫与多媒体结合的专辑《箫的传奇》。

2000年10月，作为专家出席全国首届埙质量鉴定会，为埙及埙乐的进一步发展起到巨大的推进作用。

2000年12月26日，在新加坡维多利亚音乐厅举办"张维良笛箫独奏会"。

2001年1月7日，在中国广州星海音乐厅与广州交响乐团演出曹光平先生的"中国大曲——埙与笛"交响作品音乐会。

2006年，组建中国音乐学院华夏民族管弦乐团。

2008年，在北京奥运会开幕式上，担任大型团体表演《自然》配乐的作曲、配器，以及整个开幕式全部文艺演出的笛箫演奏。

张友刚，1952年出生于沈阳。笛箫埙演奏家、制作家，中国民族管弦乐学会竹笛专业委员会理事。

张友刚1977年考入中央音乐学院竹笛专业，师从蒋志超、曾永清、简广易先生；1982年分配到北京歌舞团工作直至退休。

张友刚于20世纪80年代开始对传统乐器埙进行研究、改革、制作并演奏，发明了"沙囊制埙"法，得到曹正先生的高度认可。"沙囊制埙"法即以埙的大小为基础，用布做成数个埙形的沙袋，在沙袋内装入沙子，在布袋上开口处贴上纸后把沙子压紧实。之后将泥膏糊在布上，使泥成为埙形，后将沙子倒出来。随着泥逐渐干燥，拽出布，埙即成型。"沙囊制埙"法虽使用了很长时间，但工序烦琐，不能保证规范，没有标准。在此基础上，张友刚又用传统的注浆法与拉坯法制作出了精美的专业演奏埙。"注浆制埙"法即在石膏模子的开口处经漏斗倒入泥浆，用皮筋勒住，然后慢慢干燥。之后将未凝固的泥浆倒出来，打开模子，里面凝固的泥即成埙坯，稍加修正即可。同时，他还在埙的演奏上刻苦努力，不断地把这一古老的乐器展现在舞台上。1994年，张友刚与张鹰合作推出由张鹰作曲改编、张友刚演奏的埙曲专辑，专辑曲目有《小篷船》《妆台秋思》《福海观荷》《小白菜》《四季歌》《月儿弯弯照九州》《孟姜女》《长相思》《梅花三弄》。专辑一经问世，传播甚广。其中《福海观荷》中间部分用双吐演奏了一大段欢快的旋律，这在当时的埙曲中是很少见的。这首乐曲原来并不是埙曲，是由北京歌舞团创作排演的舞剧《清宫乐舞》中的一段音乐改编而成的，舞剧由张鹰担任作曲。后来在张友刚录制埙曲专辑时，张鹰将之改编成了现在的埙独奏曲。《福海观荷》乐曲主要描写了清代宫女们在荷塘边嬉戏玩耍，翩翩起舞，一片祥和的景象。张友刚在乐曲的演奏中运用的颤音、滑音、双吐音等，使乐曲呈现出和声的效果，丰富了乐曲的表现力。

（刘豪整理）

相关典章

古乐新声之历史上的埙

张友刚

埙是一种古老的吹孔乐器，用泥土烧制而成，其形如卵，中空，顶端有一吹孔，体上开有若干个音孔。据传说，埙在远古时本不是乐器，可能是用来狩猎的一种工具，用石头磨制而成。投击时经过与空气的摩擦，能发出哨一样的声响，用来诱捕禽兽，因此被称为"石流星"。随着人类社会的不断发展与进步，特别是人类对火的使用，出现了制陶工艺，石头制作的工具逐步被陶器所代替，石流星也逐步发展演变成为陶制的埙。

埙的历史非常悠久。考古发现最古老的埙，距今已有七千年左右的历史。浙江河姆渡遗址出土的陶埙有一个吹孔，没有音孔，是目前所知的年代最早的埙；西安半坡仰韶文化遗址出土的埙，有一个音孔，可发出小三度的音；山西万泉县（今属万荣县）荆村出土的三枚陶埙，其中有管形的无音孔埙、椭圆形的一个音孔埙和球形的两个音孔埙。以上出土的埙为新石器时代中期的遗物。

河南安阳殷墓出土的商代埙，开始进入规格化，从外形到所用的材料都多种多样，有陶、石、骨、木、象牙等。而后，埙一直停留在原来的水平，到了汉代才出现了六孔埙。宋代曾有过七音孔的木制埙，但是没有传下来。到了清代，埙仍保持五音孔。光绪十四年（1888）吴浔源曾编有《棠湖埙谱》，此书为工尺谱，是迄今仅有的一本埙谱，现存于国家图书馆分馆。同时，敦煌彩塑壁画上也有吹埙图，并且我国各个时期建筑石雕、砖雕上都有吹埙图出现。由此可见，埙这一古老的乐器曾在我国历史上有着广泛的影响。

一、历史上的埙

我国古代文献中对埙的赞美有着详细的记载。《乐书》载："暴辛公善埙。"《尔雅》注："烧土为之，大如鹅子，锐上平底，形如秤锤，六孔。小者如鸡子。"《新定三礼图·投壶图·埙》说："凡六孔，上一、前三、后二。"《旧唐书·音乐志》又说："埙，瞡也，立秋之音，万物将瞡黄也。埏土为之……"

《诗经·小雅·何人斯》说："伯氏吹埙，仲氏吹篪。"用以赞美兄弟之间和睦。接着《诗经·大雅·板》还说："天之牖民，如埙如篪。"此句是说上天诱导下民，要像埙篪一样和睦相处。以上历史文献表明，埙曾在先人的日常生活中占有相当重要的位置。

我国古代根据制作材料不同，把乐器分为金、石、土、革、丝、竹、匏、木八种，称为八音。八音之中埙独占土音之首，又称为"土乐"。在我国古代乐器中，它虽没有编钟那般华丽、雄伟，也没有编磬凤鸣莺啼般的灵秀，但埙以它特有的神韵，古雅深沉、如泣如诉的风采，为世人所倾倒。同时，它独特的音乐表现是其他乐器无法相比的，也是其他乐器无法替代的。

埙是在人类生产和实践中产生的一件乐器。数千年来，一直伴随着人类的生活。它的分布很广，不仅分布在我国的广大汉族地区，新疆、西藏、云南、宁夏等少数民族聚居地区也有形状不同的各种埙。同时，在国外也有其历史踪迹。由于各地区语言和风俗等原因，对埙的称呼也不尽相同：宁夏称为"笛老挪"，彝族称为"阿乌"或"不拉里"，藏族称为"扎令"或"德令"，等等。世界各国埙形制也不同，与我国埙最大的区别是用哨的原理发音，但从其性质来看，都是同属于边棱类的吹奏乐器。其中人物和鸟兽形状的埙占多数。我国的埙很早便传入日本与朝鲜，日本也有类似我国周代的陶埙出土，但后来经过多年的不断演变，已经完全脱离了周代陶埙的形制，在发音原理上演变成哨形，目前在日本也很流行。另外有苏格兰的羊形哨埙、芬兰的鸡形哨埙、英国的陶笛、匈牙利的陶笛、巴西的陶埙、美国印第安人的陶埙等。尽管各国的埙在形状与发音原理上有所不同，其根本的性质是一致的，都属于边棱类吹奏乐器，它们共同显示出人类在向文明迈进的过程中，特别是乐器在其发展过程中一个不可逾越的发展阶段，对我们了解这一阶段人类在审美方面，特别是对器形审美和声学审美方面的特点、规律是有一定帮助的。

二、埙的发音原理

埙是边棱类球体共鸣的吹奏乐器，它与管体共鸣的吹奏乐器有着本质的区别。从声学角度上看，管体共鸣的吹奏乐器是靠改变气柱的长短来决定音高的。而埙是球体共鸣，它是靠改变腔体内气流容积的大小来决定音高的。腔体内容积越大音就越低，反之就越高。因此，埙的定调就是由腔体容积的大小决定的。埙的音孔也同管体共鸣的吹奏乐器不同,由于管体共鸣的吹奏乐器是靠改变气柱长短来决定音高的,所以它的音孔大小都基本相同。而埙的音孔大小就不同了,孔越大、孔壁越薄音就越高,反之就越低。孔径相同的音孔,开在埙体的任何部位,其音高都不变。管体共鸣的吹奏乐器在完整的音列中,每一个音都有它的八度音,而埙由于气柱短,球体闭合共鸣的原因,无法形成它的八度音。因此只有用无限开孔的方法来解决音域狭窄的问题。音孔开得过多手指又不够用,这是埙的一个致命的弱点。从千百年埙失传的历史来看,也不排除有这个原因。要扩大它的音域,就要改变音阶与音孔的排列,把七声音阶排列改为我国传统的五声音阶排列,同时利用借孔演奏的方法解决半音问题,这样就可以把音域扩大到两个八度,达到比较理想的效果。另外,埙是球体共鸣,如改变它的腔体形态,使它的气流振动发生变化,可能会出现预想不到的效果。这一点还有待于进一步研究。

1987年,我开始对这一古老乐器进行研究、开发、制作和演奏,经过刻苦的努力和多次的失败,找到了比较理想的制埙方法——"沙囊制埙"和"注浆制埙"法,制作出了精美的埙,并把这一古老乐器以全新的面目推向全国乃至世界舞台,下一部分是我在多年实践中摸索出来的埙的制作和演奏方法。

三、埙的制作工艺

制埙首先要对所用泥料进行选择、加工与处理。埙所用泥料很严格,要选择没有用过的原始的泥。因为地表泥和种植过的泥含有大量的有机肥和杂质,杂质过多对埙的颜色与光泽都有直接的影响。

最好选用地下四五米的原始红泥，这种泥北京人俗称红胶泥。目前其他地方也有用不同颜色和质地的泥。泥料都要进行加工、处理，不能有杂质。泥料选好后，首先把泥用水泡好，经过搅拌，使泥成为泥浆，然后再用罗滤掉泥中的沙石杂质，使泥更加干净。经过沉淀后，去掉泥浆表面的清水，就成为"澄浆泥"了。经过加工的泥可分为泥膏与泥浆两种。如用泥膏制埙，可将泥浆表面沉淀后的清水反复舀出，这样就可成为非常柔软的泥膏。然后将泥装在容器内，防止干燥，以方便使用。泥经过加工处理后，就可进行埙的制作了。

"沙囊制埙"。根据埙的大小，用布做成数个大小不同的埙形沙袋，沙袋内装满沙子，装得越紧越好，然后把加工好的泥膏按一定的厚度糊在沙袋上，使其成为埙形，糊好后在顶端开一个孔径十二毫米左右的圆孔（此孔作为吹孔），然后马上从圆孔内将沙子倒出。请注意：如不马上倒出沙子，糊在沙袋上的泥膏就会由于水分的快速蒸发而裂开。经过几个小时的干燥后就可从圆孔内取出沙袋，埙的毛坯就做成了。经过整形、抛光、开孔、干燥、调音和烧制，最后做成埙。"沙囊制埙"的优点是：做出的埙是整体的，腔体大小完整统一，在吹奏时埙体的振动对音色起到了良好的作用。不足之处是：由于没有外模，做成的毛坯薄厚不统一，因此给后期的外形修整造成很大麻烦。从这方面来看，"注浆制埙"更为科学。

"注浆制埙"。用石膏粉做成分为两半的埙形外模，把经过加工处理后的泥调成泥浆，合好模子，用皮筋扎好。模子中间有孔径十二毫米左右的圆孔为注浆孔，然后经漏斗将泥浆倒入注浆孔内，使模子内注满泥浆。请注意：在整个注浆过程中，模子内不能缺浆，如果缺浆就会出现埙体薄厚不均的现象。根据石膏模子吸水时间的长短，来掌握模子内泥浆凝固的厚度，时间越长泥浆凝固得越厚，反之就会越薄。然后倒出模子中间没有凝固的泥浆，经过几个小时后，就可打开模子，取出埙的毛坯。埙的毛坯做好后，同样经过整形、抛光、开孔、干燥、调音和烧制，最后做成埙。此种方法优于"沙囊制埙"。它的优点是：埙毛坯薄厚统一、光滑，外表也很规整。整形时，稍加修整就可以了。此种方法也是我多年来一直使用的。

埙的烧制是所有制作工艺中最关键的环节。无论你的工艺水准有多高，埙形做得有多么精美，如果不具备烧制陶器的能力，那么，就会前功尽弃。从自然科学的角度来看，由泥土到陶的转化是一个质的变化。如果由于在烧制过程中温度不够，使泥土的性质没有得到根本的改变，那么埙在后来的吹奏当中，由于吹出的气体内含有大量的水分，随着水分不断渗透，就会造成埙的破裂。但是，埙烧制的温度又不宜过高，温度过高，超出了温度线，就会把埙烧裂，造成次品。可见，如何正确把握好埙的烧制这一关是非常重要的。埙与其他陶器一样，它的烧制温度在800℃左右，温度过低或过高都会适得其反。目前，埙烧制的方法很多，有传统的砖窑烧制，也有现代的电窑烧制，还有液化气烧制等。但是，无论用哪一种方法烧制，也无非是燃料的区别，其关键之处——对温度的要求，是一致不变的。另外，窑内温度的均匀分布也不可忽视，温度不均，埙就会出现质地、色泽的不均，而造成次品。所以，把握好温度的变化和窑内温度分布的均匀,这两点至关重要,缺一不可。

以传统的砖窑烧制为例。烧之前确保窑内干燥,切不可潮湿,以免在烧制过程中,由于湿气的蒸发,使埙破裂。点着火后,待烟散尽再把火压住,将埙放入窑内。请注意,这时切不可让火着上来得太快,否则,窑内温度迅速增高,放进窑内的埙温度低,埙会由于温度升得太快受热不均而爆裂。一定要让埙的温度与窑的温度同时升高,这一点很重要。待温度达到200℃左右时就可以放开火烧制了。在烧制的整个过程中,要随时注意观察温度的变化,以确保埙的烧制质量。窑内温度达到800℃以上时,埙会变得通红,这时就可撤火了。请注意,撤火后不要急于将埙从窑内取出。因为窑内的温度和湿度与外界的相差很大,冷热干湿突然变化会使埙爆裂,要等窑温逐渐降下来后,方可将埙从窑内取出,以完成整个烧制过程。

四、埙的演奏

谈到演奏,首先是持埙方法与演奏姿势,这两点非常重要,它直接关系到演奏中的形象及艺术水平的充分发挥。持埙时抬起双臂,腕部自然弯曲,用指腹按住每一个音孔,同时保持自然放松的状态。将下唇正中的部位放在埙吹孔内侧的边缘,嘴唇与埙的吹孔形成大约八十度角。吹奏时颈部要放松,头不要向上抬,双眼平视,基本保持水平状态。埙的演奏姿势有立式与坐式之分。一般独奏时多采用立式,合奏时采用坐式。立式要求演奏者双腿直立,两脚自然分开呈八字形,身体各部位保持自然放松。坐式上身与立式相同,座位的高低要适宜，落座时臀部占椅子的三分之二，不可靠在椅背上，身体各部位同样保持自然放松的状态。值得一提的是，初学者在演奏时，常有拿不住埙的感觉，这是因为没有找到双手与埙之间的支点造成的。特别是演奏到高音区，双手手指全部打开时更为明显，解决的办法是采用唇的下部与双手指关节相互作用的方法，保持埙的平稳，使演奏不受影响。初学者要认真刻苦地反复练习。

吹奏时口的形态称为口形。口形的正确与否直接影响埙在演奏中的发音及音色的好坏。吹奏时两腮肌肉自然放松，两唇上下平行并拢，同时用力将气流吹出，然后通过对唇部四周肌肉的有效控制，随时扩大或缩小风门，达到控制声音大小及强弱的目的。

埙与笛在吹奏时的口形有所不同。埙是边棱类球体共鸣的吹孔乐器，如果把吹孔开得过小，气流量不够，势必造成音量小、音色发飘等问题。我经过多年的研究，得出埙的最佳吹孔孔径为十三毫米，过大或过小都会适得其反。笛的吹孔孔径从纵向看不过九毫米。因此，在吹奏埙时风门与气量要适当加大，这样才能做到音色圆润、饱满。吹孔大小的改变对埙的音高起着重要的作用，同时还可达到修饰乐曲的目的；此种方法用在低音区吹奏时，可使音域向下扩展四度，即中音1—低音5，但由于反应慢，不宜在快速乐段使用。

口风的击点是指气流从口腔通过风门吹出，撞击到吹孔前方某一个部位上。击点正确与否是吹埙最基本的和最关键的问题，对此必须有一个清醒明确的认识。我们把埙的音域分为低音区、中音区和高音区，不同的音区气柱的击点是不一样的。吹奏低音区时，口风要向下，也就是说击点在吹孔的底部，这样吹出的声音振动充分、饱满、浑厚。如把击点位置抬高，吹奏出的声音就会因振动不充分而虚弱无力。吹奏中音区时，风门要适当缩小，击点应落在吹孔的中部，使其平稳、松弛。在吹奏高音区时，风门缩小，口风的力度也随之加强，气柱的击点也适当抬高，应撞击在吹孔的前沿部分，这样才能适应高音区的需要。我们在演奏作品时，由于音高、速度、力度是经常变化的，这就要求我们口风击点的位置要不断变化，以适应演奏的需要。这些微小的变化一般人是看不出来的，但是"失之毫厘，谬以千里"，在吹奏时必须兼顾三个音区发音的需要，正确把握气柱击点的位置，也只有这样，才能做到上下兼顾，游刃有余。

五、埙的继承与发展

我们中华民族有上下五千年的文明史。埙也伴随着中华民族走过了无数的历史沧桑，几千年的风风雨雨，加上乐器本身的局限性，在相当长的一段历史时期内，埙几乎处于绝响的地步。20世纪70年代末，中国音乐学院教授曹正先生首先对这一古老的乐器进行了研究、开发、制作工作，并指出"这一国宝不能失传"。在历史文献的基础上制出了七声音阶九孔埙，称为"十全九孔埙"。当时，我正在中央音乐学院读书，有幸结识了曹正先生，并经常见到曹先生制埙。由于当时人们对这一古老乐器还没有广泛深刻的认识，加上当时制作工艺水平有限等原因，埙没有被广泛普及。到了20世纪80年代，随着人们认识水平的逐步提高，埙这一古老的乐器才被广泛使用。同时也出现了很多热心于挖掘、研制、改良、创新的制作家和演奏家，其中有研制九孔埙的天津陈重先生、研制十二孔埙和鸳鸯埙的陆金山先生、研制卵形埙的西安高明先生、研制牛头埙的宁夏冯会耘先生、研制双腔葫芦埙的四川王其书先生、研制木制埙的厦门赵良山先生等。在他们的辛勤努力下，埙增加了音孔，扩大了内膛，扩展了音域，不但具有完整的七声音阶，还能够奏出十二平均律，极大地丰富了表现力和演奏技巧，埙独奏曲也不断涌现。另外，埙的制作材料也多种多样，有陶的、木的、玉石的、塑料的、紫砂的等，极大地丰富了埙的种类，使这一古老乐器重新焕发了青春。

埙不仅深受国内广大音乐爱好者的喜爱，而且已经走向世界，受到外国友人和听众的高度赞扬。随着这一古老艺术的不断普及发展、创新，它将放射出更加绚丽夺目的光彩。

土火脱胎，悠然天籁
——张友刚谈埙的制作

卢旸

埙，是我国特有的闭口吹奏乐器，有七千多年的历史，但随着外来乐器的兴起，逐渐失传。20世纪初期，老一辈艺术家开始仿制古埙。古筝教育家、中国音乐学院教授曹正曾对埙的制作非常钟爱，从20世纪30年代末起制作仿古陶埙。现今的很多制埙名家都受到他的影响，张友刚便是其中之一。张友刚自20世纪70年代末开始研究制埙，摸索出独特的"沙囊制埙"和"注浆制埙"法。

沙囊制埙

张友刚在中国音乐学院学习时曾亲见曹正先生制埙。张友刚看到老先生的方法虽好，但外形上不够完美，便思考：是否能有更好的方法让做出来的埙既实用又美观呢？

回到家中，他日思夜想。一日醒来，梦中有个完整制埙法仍然非常清晰，张友刚连忙动手制作，终于成功制出第一枚埙。张友刚将一块布裁成西瓜瓣状后缝合，上面留一个口，缝成埙形。然后往布袋中装上沙子，把沙子压紧实，布袋上面开口处贴上纸。在布上糊泥后，把纸捅开，将沙子倒出来。沙子必须马上倒出来，否则泥很容易裂开。随着泥逐渐干燥，把布袋拽出来，就成了埙形。曹正先生见到这个方法，说："挺好！我看，你这个办法就叫'沙囊制埙'法吧！"

制作成功后，张友刚所在单位北京歌舞团的领导非常高兴。有了乐器就有了天地，很快，埙的演奏便成为团里的特色节目之一。在当时，团里的大小演出，每场必有埙。20世纪90年代，制埙的人很少，需要的人却很多。除了演奏使用外，在旅游景点也很畅销，于是张友刚制作的埙也跟着火了起来……

"沙囊制埙"法沿用了很长时间，但是工序很烦琐。灌入沙子时，要把沙子用力压紧，压紧形状才好，稍有松的地方，就会瘪进去。而且由于是在布袋上糊泥，外观加工很麻烦。"外表面手工拍出来，不规整，内侧是沙囊做出来，会凹凸。更重要的是，'沙囊制埙'不能保证规范，没有标准。"张友刚说。

注浆制埙

张友刚又开始琢磨，他想到了传统陶瓷注浆法。制埙和烧制陶瓷的原理是一样的，只是瓷比较薄，埙为了保证音色醇厚则需要有一定厚度。

"注浆制埙"法简单说，就是从石膏模子上的开口处，经漏斗倒入泥浆，用皮筋勒上。石膏是吸水的，泥浆注进去后逐渐挂在壁上，慢慢干燥。时间越长壁挂得越厚。时间到了，把未凝固的泥浆倒出来，里面的泥就是埙形。内侧、外表面都很规整，稍加修整就行，抛光出来很自然。晾干透再入窑烧制。从泥浆到埙，整个工序做下来要一个多月。

张友刚参观了很多地方的砖窑、瓷窑，还亲自跑到农村去学习烧砖手艺。回来后，他自己砌炉子制埙。烧制陶瓷，炉温要达到1200℃，而制埙需要800℃左右，这样在演奏时，气息不会把埙吹裂。

最初，窑温掌握不好。烧过火，红泥的颜色没了，不好看；烧不够，容易裂，声音也不脆。后来，张友刚焊了一个桌子大小的电炉子，安上测温计，温度随时能够监控。

现在，张友刚积累了丰富的经验，多少瓦的熔丝，烧多少小时，能到多少摄氏度，他心里都有数。"温度计数字迅速上升到500℃，再往上升就很慢，这是因为炉子保温不够好。"新焊的电炉子烧十个小时达到700℃后，断电，慢慢冷却。两天两夜，打开炉子还烫手。

注浆法要用可以流动的稀泥浆，否则倒不出来。埙的音高决定于腔体大小，腔体越大声音越低。张友刚根据不同的音高需要，制作不同的模具，音低就做大模子。但是，用大模子制埙，泥浆自重往下塌，立不住。注浆制埙一般做到降B，最大做到大G调。张友刚说，做腔体大的埙还是用拉坯法比较好，因为拉坯使用的泥比较干，有韧性，不像注浆用泥那么稀，收缩系数小。但是，拉坯法不能像注浆法那样规矩、标准，百埙百样。

泥的性格

张友刚制的埙漂亮，功劳离不开泥。用泥不同，埙的颜色不同。因为使用红泥，张友刚制出来的埙呈现特有的红色。北京寸土寸金，泥料不好找。

二十年前一个偶然的机会，张友刚在北京石景山的一个工地上看到挖地基挖出的红泥，就过去与工地联系，铲了两车。"地下四五米的原始泥比地表泥干净，没有化肥、有机物等杂质，只有点沙子，过滤几遍就行了。"张友刚说，"泥这个东西特别有意思，有性格。泥湿的时候，泡进水里，泡多久都不会开；如果晾干，只要干透了，放水里，顷刻散开成粉末，搅拌后便是泥浆。判断泥的干湿，不能只看表面，往地上一扔，粉碎才是干透了。"

如今，制埙的人多起来，用的材料有木的、合成的等，五花八门，外观也越做越漂亮。张友刚制作的是原始七声音阶的埙，他认为："保持埙的原生态固然好，但是我不保守，愿意它发展，在传统的基础上发展，不要丢掉本。埙是泥做的，有泥土的味道，声音浑厚圆润，不贼不刺耳，有厚重的、大地的感觉。用其他材料制作多少会改变音色。""埙的音域，需要发挥想象力、创造力才能达到更多的八度，更适合现代音乐的表现……"

个人小传

赵良山,1939年出生,辽宁黑山人。中国音乐家协会会员,中国民族管弦乐协会会员,中国埙文化研究会副会长,福建省民族管弦乐学会副会长,福建省陶埙陶笛专业委员会会长。

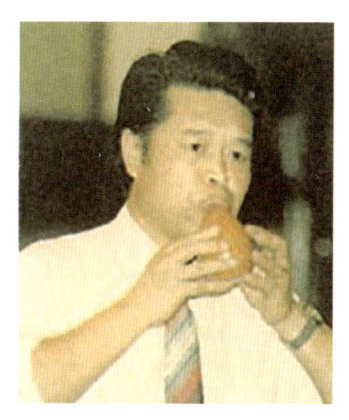

赵良山出生于东北一个偏僻小山村的贫苦家庭,六岁听到隔壁老人吹的箫声,被《苏武牧羊》《孟姜女》打动,老人赠予他一支笛子,这开启了他的音乐学习生涯。

1949年,赵良山考入中学,带着笛子开始在县里的舞台上演出。1960年,他在沈阳考点七十三名考生中脱颖而出,成为唯一被中央音乐学院录取的考生,踏上了专业的乐器学习道路,随陈重、王铁锤两位先生学习笛子、箫的演奏。1963年,他毕业分配至湖北省歌舞团工作,担任演奏员。在鄂工作期间,他一方面任劳任怨完成乐团各类舞台演出工作，同时还不断致力于各类吹奏乐器的改良和创新研制工作，先后亲手研制改造完成多吹口和声铝制葫芦丝、加键宽音域巴乌等乐器，获得业界认可和好评。

1980年，恩师陈重将一枚宜兴紫砂泥烧制的埙邮递到了赵良山手中。凭着多年的舞台演奏经验和乐器改良能力，他在陈重先生指引下走上了古埙的复鸣之路。为了恢复古埙艺术，让古埙在当代的审美环境中发挥出应有的艺术价值，他经过多年夜以继日的探索，亲手制作改良埙千余枚，并发明木制活底十孔埙，使古埙这一近乎萧条绝迹的远古乐器克服种种局限焕发新生，使传统埙的演奏性能明显提升。五个月后，不停地制作了几百枚木制埙的赵良山终于拥有了两枚音量大、音色好、音准的埙。在此基础上他又通过指序定位、演奏技法开发、作品创编等卓有成效的努力，为古埙在当代舞台的艺术表现打下了坚实的基础。

赵良山在读屈原名诗《哀郢》时，感觉到埙十分适合表现楚国郢都被攻陷后屈原痛心疾首的心情，于是他与作曲家龚国富配合创作了埙曲《哀郢》。这首三分十秒的埙曲，把屈原在汨罗江边的痛哭声都表现得十分真切，感人至深。1983年，湖北省歌舞团"编钟乐舞"于北京天桥剧场的公演中，他利用仅有的一分钟登台时间成功展现了这首《哀郢》，引发业界内外高度关注，这是几近绝响濒临失传之古埙艺术首次于现代大型舞台上的成功亮相，为现当代古埙的复鸣与艺术重建之路添上了浓厚的一笔。《哀郢》也成为掀开古埙艺术在新时代发展的里程碑式的作品。1986年，为了将古埙的传承与人才培养相结合，赵良山举家南迁厦门，于厦门大学艺术学院任教，通过开设选修欣赏课和艺术讲座等形式推动古埙艺术发展传承。1988年，他出版古埙专辑《陶埙新魂》，由中国唱片总公司出版并全球发行。该专辑多次再版，成为专业领域的典范。

赵良山在任教期间曾多次参加国家级重大演出并出访多国演奏埙乐，曾到国内多个城市及多所大学开展巡演讲学，并曾为《良家妇女》《大明宫词》等多部电影电视剧配乐。在传承古埙艺术的同时，他还培养儿子赵亮自小习奏埙乐，1996年指导培养赵亮出版发行埙乐现代风格专辑《请到我的花园来》，为古埙的现代传承做了有益探索。2009年，赵氏父子申报"古埙演奏技艺"为厦门市非物质文化遗产项目并获批，赵良山、赵亮父子成为该项目代表性传承人，开启了古埙非遗传承之路（2017年该非遗项目升级为省级）。在厦门工作期间，赵良山积极参加各类艺术活动，在推动古埙艺术的传承与发展中，做出了卓越的贡献。2011年，中国民族管弦乐协会授予赵良山中国民族音乐事业最高奖"终身成就奖"，其个人事迹被录入《当代中国艺术界名人录》。

2011年9月29日，赵良山在厦门逝世。

（王玉、刘豪整理）

我对埙的进一步探索

赵良山

为了继承和发掘祖国的音乐遗产，使埙这一已有七千年历史的古老乐器恢复活力，天津音乐学院陈重先生对古埙进行了颇有成效的改良：改良中曾试用多种陶土，最后优选出江苏宜兴紫陶泥；在古制梨形六孔埙的基础上，放大其肩部，扩大其内膛，从而扩大了音量；按孔从古制的前三后二，增加到前六后二（加上吹孔共九孔），扩展了音域；此外，将音孔按笛、箫的音孔顺序重新排列，从而给演奏带来很大的方便。

历史上，埙的发展是十分缓慢而难得的，自殷商之后的一千多年里，它一直停留在五孔的水平上，直到汉朝才出现六孔陶埙；但汉朝之后的一千多年里，又无什么进展。陈重先生从古制六孔陶埙一跃改良出九孔陶埙，这是我国埙发展史上的一个新的里程碑。

陈重先生是我在音乐学院读书时的主科（笛子）老师，就在九孔陶埙研制成功后不久，他毫无保留地将一枚调门最适合于独奏的九孔陶埙寄给我，并再三嘱咐"要把它练出来，演奏出去"。九孔陶埙那古朴而醇厚、低沉而悲壮的特有音色，一下子吸引了我，我爱不释手，并很快地练会了几首古曲。但一段时间后，陶埙的不足之处逐渐在创作和演奏实践中暴露出来。尤其是想搞点情绪激而昂、悲而愤的作品时，就觉得这个乐器的音量还是小了些。陶埙的高音难发，更难保持，且带较多的杂音，这给乐曲的表现，特别是乐曲高潮的处理带来了极大的困难。再就是陶埙发音的音高，冬与夏能差四十个音分左右，这就使之很难与乐队配合演奏。

去年，团里决定搞"编钟乐舞"，于是复制古乐器，成立古乐队。我在主动承接两个"竽"的制作的同时，还决心把埙这种绝大部分人既未听过也未见过的绝响搬上舞台。在团里各级领导和同志们的关心、支持下，在工人师傅的帮助下，改进和提高埙的探索从以下几个方面展开：

1. 材料

我在回顾和总结以往改良葫芦丝的经验之后，认为制埙的材料应满足：①材质稍松些，对发音有比较好的共鸣和传递功能；②内壁光滑而有硬度，对声音有较强的反射作用。几经试验，最后我选用檀木制作，制成的埙最大限度满足以上两个条件，音色保留了原特点（更柔和了），音量则明显比陶埙有所增大。

2. 音孔位置

我通过在一枚木埙上做试验，发现：开得靠上一点的较大的音孔，能和靠下一点的较小的音孔发出同样高的音来；而靠上的大音孔发音结实，音量也大。根据这个试验，我将埙的前后孔位置尽可能地提高（以手能持为限度），并随之而加大（有的孔加大了几倍）。这样，加上材料的改变、内壁的处理，使埙发音灵敏，音量明显增

大。更有价值的是：高音易发而结实了，能奏出较强的持续音，并且比原来能多吹出两个高音来。

3. 采用活底

埙自古以来多烧土为之，整枚埙是一个不可分开的整体。我将埙制成活底，底部像个保温杯的盖子，与主体的接合严密而能活动，从而解决了音高的调节问题。这样，一枚埙，不论在什么气温条件下，都可以与乐队配合演奏了。

4. 半音孔

在埙上演奏半音，原是靠按半孔，个别是用叉口及仰吹或俯吹实现的，控制起来很困难。我通过较长时间的摸索，在埙的底部开一个孔，能使每个音在不改变原指法的情况下升高半音。演奏中，需要某音的高半音时，只要在保持原指法的基础上打开这个小孔就行了。也就是说，有了这个底孔，这个乐器音区内的所有半音就都能演奏了，而且控制起来既容易又准确。

我对埙的一点探索和改进，是在陈重先生的大力支持和帮助下进行的，只能看作是陈重先生对埙的重大改良的一点小小的补充。今后，我决心在先生指导下，继续深入探索和研究，为提高埙的演奏性能尽自己的微薄之力。

原载于《乐器》，1984年第3期

古埙传承记之赵氏父子

林泽贵　赵亮

"埙是一种古老的吹奏乐器,常见的陶笛实属埙的一种,可称作哨埙。"在赵亮所有的语境里,具有七千年历史的古埙——这种形似鸡蛋,音色古朴优雅而又哀怨的"最土乐器",已然嵌入他的生命里。

赵亮是"中国古埙复鸣者"赵良山之子,中国陶笛艺术委员会副会长、福建省非物质文化遗产古埙项目代表性传承人、福建省陶埙陶笛专业委员会会长。历经萧条直至失传的千年陶土乐器古埙,在赵良山、赵亮父子的手中"复活"——赵良山恢复重建古埙演奏技艺,将失传已久的埙搬上当代艺术舞台,成为"中国古埙第一人";赵亮接过父亲的"遗钵",通过创新融合让古埙奏出新韵,发扬光大。

去年金砖国家领导人厦门会晤期间,赵亮曾为金砖国家领导人夫人团和联合国教科文组织官员即兴吹奏经改编的山东民歌《沂蒙山小调》,让哨埙(陶笛)这一"乐器精灵"在世人面前大放异彩。如今,他最大的愿望就是"通过努力让更多的人认识埙,了解埙文化,让这一古老文化不再濒危"。

千年绝响终复鸣

赵亮出生于音乐世家。他的父亲赵良山于1983年以一曲《哀郢》将失传已久的埙搬上北京的舞台,在业内引起轰动,此后从未间断对埙的研究,对埙的复鸣和进一步推广使用做出了重要贡献,被业

内外誉为"中国古埙第一人"。

埙被誉为"音乐史上最古远的文明",是中国最古老的吹奏乐器之一,距今约有七千年历史,音色幽深、悲凄、哀婉、绵绵不绝,具有一种独特的音乐品质,被古人形容为"立秋之音"。然而,我国这一具有数千年历史的古老乐器,一度历经萧条直至濒临失传。

20世纪70年代,天津音乐学院的管乐演奏家陈重教授开始了对古埙演奏技艺的恢复重建及探索工作,后因年事已高,便将古埙的改良与复鸣工作托付给了他的学生——在湖北省歌舞团担任演奏员的赵良山。陈重给赵良山寄来了一枚宜兴紫砂泥烧制的埙,嘱咐他让"千年绝响"重见天日。

历时五个多月,制作了几百枚木埙之后,赵良山终于拥有了两枚音量大、音域关系准确的埙,同时研究出了更科学合理的埙指法,还能表现出各种复杂音效,在继承埙乐"立秋之音"本质特色外,大大增强了其艺术表现力。古埙复鸣的首部作品《哀郢》,是他与作曲家龚国富创作完成的。这首三分十秒的埙曲,用古埙深沉和哀婉的情怀将屈原自投汨罗江时的悲痛之情表现得十分真切。"绝响"虽然复鸣了,但在当时众人还没有认识到它的价值意义,因此它无法获得展示机会。

在陈重教授的引领下,赵良山开始了对埙的全面改良与创新,从制作、谱曲、演奏到向世人证明埙的艺术价值,为了埙倾注了全部的心血、热情、情感与才智。1983年,他终于不负老师重托,将失传已久的埙搬上当代艺术舞台。

1983年，湖北省歌舞团用古乐队上演的"编钟乐舞"在北京天桥剧场上演，其间赵良山用埙演奏了《哀郢》片段，这仅一分钟的演奏震动了中国乐坛。《哀郢》也成为古埙艺术在新时代发展的里程碑式的作品。

1986年，赵良山作为人才被引进到厦门大学音乐系任教。在闽南生活了二十多年，赵良山的古埙艺术得到继续发展。教学育人，登台献艺，他不仅把埙这种古老的乐器播扬海内外，登上神圣殿堂，还让埙本土化，将埙加入南音的演奏当中去……2011年，鉴于赵良山先生对古埙艺术所做出的杰出贡献，中国民族管弦乐协会授予他"终身成就奖"。这是中国民族音乐事业的最高奖。

子承父业 "立秋之音"焕新生

赵亮自幼跟父亲学艺，不仅会演奏，还会制埙，很小就学着用泥巴捏埙。电影《良家妇女》和电视剧《大明宫词》中的埙乐，就是用赵氏父子亲手制的埙演奏的。

后来，赵亮以优异的成绩考上了厦门大学音乐系。虽然报考的是竹笛的民族管乐器方向，但他一直没有放下对埙的学习。2002年，赵亮研究生毕业留校于厦门大学艺术学院任教，子承父业接棒传播埙文化。在此期间，父子俩经常参加厦门市的各类文艺演出及教学、学术讲座等活动，在闽南地区推动着埙及相关文化的传承与传播。

2006年，赵氏父子将古埙的演奏艺术推向了世界级艺术舞台——奥地利维也纳金色大厅。2009年，"古埙演奏技艺"申报厦门市非物质文化遗产项目获得成功，父子俩同时成为本项目的代表性传承人,并于 2010 年成立了古埙演奏技艺传习中心,面向社会进行埙及相关乐器的教学与传播。

2011 年,父亲的突然离世,让赵亮领会到父亲不凡的艺术之路,更意识到传承的使命和责任,他立志将这一古老文化传承下去,使其焕发新的生命力。

受到台湾地区陶笛兴盛发展的启发,赵亮关于传承发展埙的思路愈加鲜明。"陶笛这一名字最先从台湾传出,其为埙的一种,亦可称为哨埙,因携带方便、音色独特,在台湾、厦门等地风靡起来。学习吹奏陶笛可以为吹奏古埙奠定良好的基础。"在这样的认识下,为了更好地推广普及古埙艺术,赵亮将陶笛定为传承埙文化的先导乐器,在厦门大学首创陶笛全校选修课,并成立了全国第一个陶埙陶笛社团——陶韵社。2016 年,厦门大学首开陶埙陶笛专业,赵亮也成为中国首位高校埙(含陶笛)专业教师。

赵亮说,陶笛对年轻人有一种吸引力,既有中国传统埙的特色在里面,也有中国的文化在里面。而他的学生没有限定于音乐专业,英语系、物理系、财会系等专业的学生都可参与选修。

经过多年的推广和努力,陶笛这一源自埙的精巧乐器已在厦门家喻户晓,接触的人越来越多,再加上近些年来一些古装影视剧中埙的元素越来越常见,这些都带动了更多人对埙产生兴趣,加速了埙文化的发展。2017 年,古埙成功被列为"福建省非物质文化遗产代表性项目"。

创新融合　最土乐器奏新韵

早在1996年,赵亮就做了一个勇敢的尝试——出版古埙专辑《请到我的花园来》。在全新的编曲、演绎下,古埙不仅还原了远古之音,还能与西方现代爵士音乐相融合,演奏出具有现代感的音乐作品。

在闽南开展对埙的传承与传播工作时,赵亮也从当地的音乐戏曲文化中汲取养分。南音古风悠长,乐曲中满溢悲悯的情怀,与埙的特质十分吻合。他经常参与南音的演出,将埙的古朴和南音的典雅相融合。来自中原大地的古埙融入独特的闽南文化,奏出了新的韵味。

近年来,赵亮积极开展传承活动,除了在高校任教外,他还在中小学开办公益兴趣班,进社区开展公益演奏讲座,通过陶笛教学积极培养新一代传人。他说,厦门与台湾一水相隔,是大陆最早发展陶笛的城市,具有得天独厚的优势。陶笛是两岸音乐文化交流最好的桥梁,伴随着海峡两岸陶埙陶笛艺术节等活动的开展、两岸陶笛文化交流会的成立,越来越多的两岸青年同胞通过一同吹奏陶笛相互认识,也认识了埙与陶笛的渊源关系,参与到共同传播中华优秀传统文化的行动中来。

"通过陶笛来带动埙的文化传承,是一种发展性的传承、开放的传承。它们的交融能够更好地让两岸爱乐同胞珍视中华传统文化根脉。乐器名称的争论或学术上的探讨,无形当中会把中国传统古埙的艺术魅力和潜在的文化价值给争辩出来,让更多人知道它。"赵亮说,越来越多的两岸音乐爱好者在学习和传播陶笛的过程中创新理念,让这一传统、古朴的"最土乐器"重新焕发生命,"希望在未来不久,很多人会因为自己会演奏陶埙、陶笛而感到自豪"。

虽然在传承道路上,赵亮也曾遇到各种困难,但他相信只要让更多的年轻人学会吹奏,就能加深人们对陶土乐器的认同度,从而化解偏见,发展性的传承就会慢慢走向一种良性循环。

活动年表

1983年,参加湖北省歌舞团于北京天桥剧场的"编钟乐舞"公演,使用自制古埙演奏《哀郢》。

1987年,获得湖北省文化科技进步特等奖。

1988年,出版古埙专辑《陶埙新魂》。

1990年,获得厦门大学最高奖"南强杰出贡献奖"。

1996年，指导其子赵亮出版发行古埙专辑《请到我的花园来》，尝试将古埙乐与现代音乐融合。

2006年，参加维也纳民族器乐专场音乐会，担任埙演奏。

2007年，牵头成立福建省民族管弦乐学会陶埙陶笛专业委员会，任首任会长，为海峡两岸陶埙陶笛艺术交流搭建起专业的平台。

2008年，中国传统文化促进会成立，任埙文化研究会副会长。

2009年，与其子赵亮将"古埙演奏技艺"申报为厦门市非物质文化遗产项目，赵氏父子为该项目代表性传承人。

2010年10月，出席福建省陶笛艺术师资培训活动，担任评委工作。

2011年，获得中国民族管弦乐协会授予的中国民族音乐事业最高奖"终身成就奖"。

周可奇

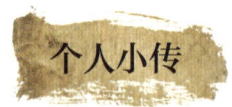

周可奇，1976年出生。武汉音乐学院中乐系副教授、硕士生导师，管乐与打击乐教研室主任。

周可奇自幼习笛，先后师承宋树坤先生、杨明先生。1995年，他考入武汉音乐学院民乐系竹笛表演专业，师从中原笛子大师孔建华传人荣政先生，并选修埙演奏课程。1999年毕业，因成绩优异，免试直升该院研究生，攻读竹笛专业硕士学位，师从向思义先生、胡志平先生。2001年5月，他在武汉编钟音乐厅成功举办了个人笛子独奏音乐会，并在音乐会上演奏了自己创作的埙独奏曲《古道》。同年，他以论文《赵松庭竹笛艺术研究》通过硕士学位论文答辩，成为我国中南地区首位竹笛专业硕士，之后留校任教，并开设了埙箫演奏的选修课程。

作为演奏家，2005年至今，周可奇多次出访美国、匈牙利、奥地利、捷克、波兰、德国、爱尔兰等国家，在美国肯尼迪中心、奥地利维也纳金色大厅、波兰国家大剧院、德国 UDK 音乐厅、香港荃湾大会堂等地进行精彩演奏。他的演奏与创作涵盖了笛、箫、埙、葫芦丝等多种吹管乐器，近年他创作并发表有《古道》《独》《湘谣》《春戏》《秋问》《行》《人比黄花瘦》等器乐作品。2007年，他与魏扬合作创作的作品《〈古诗四帖〉写意——为六枚埙而作》获得第六届中国音乐金钟奖作品奖。他还曾获得湖北省金编钟奖、湖北省楚天文华奖、"最具魅力青年笛子演奏家"等荣誉。

作为教育工作者，周可奇培养的多名学生在各项比赛中获奖，并在国内高校、乐团就职，他也多次获得由武汉音乐学院及湖北省教育厅颁发的"优秀指导教师"奖。在教学与研究领域，他先后撰写并发表《胡琴琵琶与羌笛》《竹笛循环换气训练法》《竹笛表演艺术 50 年》等论文，已出版的教材有《笛子入门》《埙基础教程》《箫基础教程》（合著）、《即学即会吹葫芦丝》等，还出版有个人笛箫作品与演奏专辑《竹道》《雪夜独酌》《花自飘零水自流》《春戏》《听禅》《心箫》。

（王玉、刘豪、罗井昕整理）

相关典章

意在疯癫亦看穿
《〈古诗四帖〉写意——为六枚埙而作》创作札记

周可奇

唐朝,一个充满传奇和浪漫的时代。

洛阳城内,行人如织。人群中冲出一名醉客,他满面红光,呼号奔走,醉态百出,而后,落笔成书。只见那笔法如风如雨,如雷霆霹雳,如月如星,如风如火,其变动犹鬼神,不知端倪。书兴至极,他将帽靴脱下,以头发蘸墨书写……

书者何人?

草圣"张颠"张旭也!

关于张旭,有太多的传奇。

且看他的名号:因草书而闻名,后世称其为"草圣"。唐文宗曾下诏,以李白"诗歌"、裴旻"剑舞"、张旭"草书"为"三绝"。再看张旭之诗歌,与贺知章、张若虚、包融号称"吴中四士"。怀素继承和发展了其笔法,也以草书得名,并称"颠张醉素"。

这张旭又是何样性情的人物?

为人洒脱不羁、豁达大度、卓尔不群、才情横溢。与李白、贺知章相交甚善,杜甫将他与李白、贺知章三人列入"饮中八仙"。

"古来圣贤皆寂寞,惟有饮者留其名。"于疯疯癫癫的张旭来讲,要这些劳什子名号做什么!

张旭初为常熟尉,后官至金吾长史,人称"张长史"。这不大不小的官职,于张旭的才情来讲,着实是大材小用。但是,那茫茫的仕途,并非是写几句诗,写几个字那么简单。

所谓进是江湖,退亦是江湖。

那好!笑看仕途的沉浮,收拾起这功名利禄、过眼的烟云,任那烈酒燃烧在胸腔,撕裂每一根血管,大笑!高唱!舞之!蹈之!而后,高呼一声:拿墨来!任那墨汁在发端横流……

"世人笑我太疯癫,我笑他人看不穿。不见五陵豪杰墓,无花无酒锄作田。"以唐伯虎的诗句来看张旭,竟然也是那么贴切!

红尘一张网,几人能看破?

但是张旭似乎早已洞察了这一切。请看他的《桃花溪》,其内容和意境,竟然和上面唐伯虎的《桃花庵歌》如出一辙:

隐隐飞桥隔野烟,石矶西畔问渔船。

桃花尽日随流水,洞在清溪何处边?

陶渊明在《桃花源记》中种下的一株桃花,竟然先后在张旭和唐伯虎的心中开放。

中国的文人传统,所倾慕的是"十年窗下无人问,一举成名天下知",是"学而优则仕"。然而,这科举、仕途的凶险,又有几人能看透？明知是个泥潭，是个火坑，也禁不住诱惑往下跳。个个都以为自己有"齐家、治国、平天下"之才。那曹雪芹借跛足道人之口，在《红楼梦》里，为这种执着给出了答案：

世人都晓神仙好，惟有功名忘不了！

古今将相在何方？荒冢一堆草没了！

尘归尘、土归土，历史不停地在重复罢了。

好在，还有看穿之人，及时收手，也许这就是最好的答案。于是嵇康在魏晋的风骨里，轻轻地唱道：

采薇山阿，散发岩岫。永啸长吟，颐性养寿。

狂放的李白，更是在盛唐一声长笑：

天子呼来不上船，自称臣是酒中仙……

历史记住了嵇康的琴、张旭的书、李白的诗、唐寅的画。他们寄情于此，终成大器，留名千古！

不疯癫，怎会有笔走龙蛇的字？不看穿，怎有那桀骜不羁的洒脱？

2003年的夏天，当我和同学魏扬看到张旭的《古诗四帖》后，着实为书中的气韵所折服。

在一般人看来，这哪里是字？远看似龙飞凤舞，近看又似三岁小儿信手涂鸦。难怪韩愈《送高闲上人序》中赞之："喜怒窘穷，忧悲愉佚，怨恨思慕酣醉，无聊不平，有动于心，必于草书焉发之。"

细看张旭的《古诗四帖》，观其形，观其色，观其气，答案就出来了。这活脱脱就是一首音乐作品！其中早已具备了节奏的疏密、音色的明暗。至于气息的控制、浓淡的运用，也是众妙皆备。我们萌生了以张旭书意为题材的创作计划。于是，就有了《〈古诗四帖〉写意——为六枚埙而作》。

用何种技巧来表达，更能符合张旭草书的神韵？更符合草书中别具一格的气质？我们决定不采用任何一种传统的技巧，而采用全新的、埙从来没有使用过的技巧。

我们自己"发明"了"悬吹""打指""吹离转换""高位泛音"等十几种全新的技巧。全新的技巧带来了全新的音效，然后再采用拼贴的方式，将这些技巧连缀在一起，一首具有独特气质的音乐作品就诞生了。

细听这首音乐作品，由于采用全新的创作方式，全曲没有一个一般意义上的"乐音"，意在突出技巧的运用以及节奏的掌控，以期贴合张旭在《古诗四帖》中的气韵。也许有人不适应听这样的"音乐"，也许还有人不认为它是"乐"，但是，这些并不重要。

当年张旭在疯疯癫癫地喝酒、唱歌，然后一挥而就这《古诗四帖》的时候，他决然不会想到，时空流转千年后，有多少人在为他的作品而痴，为他的作品而癫。这中间还有两个年轻人，从他的字里取得灵感，并以此为题，与他做了一次跨越时空的神交。

以"心"为乐
——周可奇《心箫》专辑创作访谈

田龙

田：您的第一张专辑是什么时候发行的？请您谈谈您创作、演奏这些专辑的初衷与感受吧。

周：这样话就长了。从2009年我的第一张专辑开始，我已经出版发行了五张个人的演奏、创作专辑。这五张专辑对于我个人来说都具有非比寻常的意义，它们都是记录我个人成长及审美的印记。

我2009年的专辑名为《雪夜独酌》，其中共收录了九首作品。这应该算是我自2001年开始涉猎创作以来的第一张专辑吧。其中的埙与古筝《行》《雪夜独酌》等曲目，曾经被一些纪录片选为背景音乐。专辑发行之后，各方面的反响还不错，这也鼓励了我之后的创作。

2013年创作发行的《花自飘零水自流》这张专辑，应该是十分精彩的一张。我特别喜欢古典诗词，所以一直有将诗词用"乐"来表达的冲动。在创作这张专辑之前，我还特地加深了对宋词的学习。这张专辑原本准备叫"宋词意境"，后来觉得标题太大了，就改为现在大家看到的这个标题。这里面收录的《烟波黄鹤楼》《秋问》等曲目，现在已经成了舞台上常演的曲目了。

2014年的专辑《春戏》，是一次"笛子与钢琴的对话"。这是一张笛子专辑，中间收录了我在教学中间的一些常用曲目，也可以看作是我学习笛乐的足迹记录或是教学示范。这张专辑共收录了十一首作品，皆是中原笛乐的代表作，也都是武汉音乐学院竹笛专业教学使用频率较高的乐曲。

2018年3月发行的《听禅》专辑中有十首作品，其创作与录音皆在2017年。在这张专辑中，我使用了洞箫、南箫为独奏乐器，与古筝、琵琶、手碟、中阮等乐器进行配合，想要表达出一种特有的关于宗教或哲学的状态。这张专辑每首作品的意境也可以看作是我个人对人生、对生命状态的表达与思考。这是一张箫专辑，在箫园的采访文章《箫声中的诗乐禅心》中，我做了一些介绍，大家可以了解到这张专辑的情况。这里也要特别感谢箫园的推广与支持。

田：您最近发行的这张《心箫》专辑，又是一张箫的专辑，那您发行这一张专辑的缘由是什么？音乐上有哪些考虑？

周：我之前的作品专辑，大多是与中国传统乐器进行合作，大部分音乐的意境与背景也是与中国的传统文化有关系。所以我一直想要尝试使用一种更为简单、更为宽泛的音乐语言进行创作。我想这种音乐应该是没有文化界限、没有国家界限的。也就是说，它的语言应该更通俗，但是它所描述的情感应该是人类共通的情感。这种共通的情感不是口号式的，也不是所谓波澜壮阔的，它也许只是生活中的点点滴滴。我想，这种音乐语言应该更能为听众所接受。基于以上的这些想法，就有了《心箫》这张专辑。在这张专辑中，箫的语言与符号和以往传统式的中国文人乐器不一样，箫所扮演的角色，或是一个述说者，或是一个经历者，或是一个感动者。

另外，熟悉我的听众都知道我的创作风格，我不太喜欢写那种很热闹、很喜庆、很外在的音乐情绪。我更喜欢的是细腻的、柔软的、内在含蓄且情感丰富的音乐。抓住生活中间小小的触动，然后把这种触动放大，以简约但不肤浅的音乐形式表达出来，这是我所擅长的。从专辑的名字就可以看出，音乐由心生发，以简单的旋律与律动，试图去与听众达到一种共鸣。

所以在这张专辑的自我介绍中，我没有采用以往的格式化的介绍，而是这样写道：

一位音乐学院的教书先生

拿过中国音乐的最高奖

其演奏的足迹遍布中国与欧美各地

年过不惑之后

这位音乐的行者在给自己的音乐和生活做减法

他相信

朴实、动心、动情的音乐

恰如我们生活中的一箪一瓢

识得趣后

方解其中味

田：嗯，您的这种介绍确实和您前几张专辑都不一样。那么我们看到，在这张专辑中，您与钢琴演奏家及吉他演奏家进行了合作，这种合作应该和以往与民乐演奏家略有不同吧？给我们介绍一下好吗？

周：确实是不一样的感受。大家都知道箫是一种民族乐器，但是我想说的是，箫不单单是民族乐器，也是世界性的乐器。这个世界性，体现在两个方面。一方面是箫本身，它的音乐内敛含蓄、包容宽厚，它完全，而且很适合表达人类共通的、细腻的情感。另一方面体现在箫的兼容性，它与钢琴，与吉他、弦乐组，或者是其他类型的乐器合作，丝毫不会觉得冲突，不会觉得突兀，它们完全能够很好地、很谐和地交融并对话。我觉得箫的这种兼容性决定了它完全可以和爱尔兰的风笛、印度的西塔琴等乐器一样，为世界的乐迷所接受。这也是我在这张专辑中，没有像以往一样使用民乐，而是使用箫与钢琴、与吉他对话的这种形式的原因。

在专辑中和我合作的陈戈，是我的同学加好朋友，也是武汉音乐学院优秀的毕业生，他接受过非常专业与正统的古典音乐训练，也从事过一系列与音乐有关的工作，他同时也是一位演奏与编曲的高手。我们在这张专辑的排练与录制过程中，经常碰撞出火花。我们有很多共同点，我们的沟通不仅仅限于音乐，而是涉及很多关于生活、关于艺术、关于理想的话题，所以我觉得我在这张专辑中与他的合作是十分成功的。我们在心中偷偷地定了一个目标：这张专辑应该为大多数音乐爱好者喜欢，并且等二十年，甚至是三十年过去后，我们再回首听这张专辑，亦会被这里面的音乐所

感动。

在专辑中担任吉他演奏的是我的好朋友黎明,他和香港的黎明同名同姓(笑)。我们经常在一起玩音乐,交流一些艺术的灵感。他的年龄比我稍长一点,我觉得他最大的特点是十分具有生命的活力与激情,而这种活力与激情,正是艺术家所需要的,也是难能可贵的。我和他已经认识二十多年了,彼此之间都非常熟悉,早就有一起录制音乐的心愿,这张专辑正好完成了这个心愿。因此我和他合作的意义,已经完全超越了这几首乐曲的音乐价值,更多的是朋友之间交流的一种印记。

田:我们观察到您近年创作了很多箫的乐曲,可以和我们聊聊音乐创作过程中的一些状态和体会吗?

周:我在这张专辑中的"缘起"部分,讲了一个关于"用心作乐"的故事,这个故事是真实发生过的。这确实也是我近年的创作心得。我在创作中,尽可能地捕捉那些稍纵即逝的灵感,捕捉那些曾经让我怦动的点滴,然后将这些元素加以放大,以最真诚的、最质朴的手法呈现出来。这些乐曲里面真的可能听不到复杂的演奏技巧,听不到复杂的音响与曲式结构,但是我所能保证的是,我会以简朴、真挚、动情的演奏,去换取听众的感动与共鸣。

在进行文案设计的时候,我也尽量避免使用那些无血无肉的文字,尽可能使用一些温柔的、令人感动的、留有想象空间的语言,去阐述我的这些音乐,希望能达到感动听众的目的。

田:出版一张专辑是一件不容易的事情,您还有什么话想对这张专辑的听众说?

周:确实是的,一张专辑从策划到创作、排练、录音、制作、发行,要经历很多工作环节。这张专辑不是我一个人的功劳,除了我前面提到的陈戈、黎明两位演奏家之外,还有录音指导及录音师、平面设计老师,以及出版社的各位老师等,所以我在这里还特别想对所有关心并参与这张专辑的老师、朋友致谢,正是有了大家的辛勤工作,这张专辑才能这么顺利地和大家见面。

听众朋友,感谢大家的厚爱,现在音乐的传播方式日新月异,很多朋友可能会通过不同的渠道和方式获得并聆听这张专辑。在听的过程中,如果它让您的内心有那么一丝丝的感动,让您的心有那么一点点的柔软,那我真的要好好谢谢您,那将是对我最大的鞭策与鼓励!

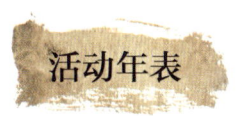

活动年表

1982年左右,开始随母亲学习竹笛。

1989年,进入初中,随宋树坤先生学习竹笛。

1992年,考入长沙市十一中音乐班,师从湖南省歌舞团杨明先生学习竹笛。

1995年,考入武汉音乐学院,师从荣政先生学习竹笛。

1999年,免试直升武汉音乐学院研究生,师从向思义先生、胡志平先生学习演奏与理论。

2001年，研究生毕业，同年举办研究生毕业音乐会暨个人笛子独奏音乐会。毕业留校任教。

2004年，与魏扬合作创作《〈古诗四帖〉写意——为六枚埙而作》。

2005年，出版教材《笛子入门》。

2007年，出访匈牙利，参加艺术节演出。

2009年，出版作品专辑《竹道》。

2010年，出版作品专辑《雪夜独酌》，其中收录了三首埙的作品：《〈古诗四帖〉写意——为六枚埙而作》《古道》《行》。

2011年，出版教材《箫基础教程》（合著）、《埙基础教程》。

2012年，出版教材《即学即会吹葫芦丝》。

2013年，出版作品专辑《花白飘零水自流》，其中包含埙作品《人比黄花瘦》。

2014年，出版演奏专辑《春戏》。

2018年，出版作品专辑《听禅》。

2019年，出版作品专辑《心箫》。

周世斌

个人小传

周世斌，出生于1958年。音乐心理学家，音乐教育家，埙演奏家，中国音乐家协会会员，中国音乐教育学学会秘书长，中国音乐心理学学会会长，中国音乐治疗学会副理事长，中国非物质文化遗产保护协会埙专业委员会主任，首都师范大学音乐学院教授、博士生导师。

20世纪90年代，周世斌初师从埙演奏家、埙制作家王其书教授学习演奏埙，后长期从事埙的学术研究、教学和演奏，发表专业文章，并在大学开设埙课程。此外，他与中国国家交响乐团少儿及女子合唱团合作，在北京音乐厅、国家图书馆音乐厅举办音乐会，为电视连续剧《关中往事》配埙乐。2008年10月，他在北京成功发起、组织和举办全国首届埙艺术展演与学术研讨会。2017年，周世斌出版埙独奏专辑《埙·如诉》。

周世斌长期致力于埙的国际推广、学术交流和演奏实践，探索将中国埙的独特音色和艺术表现内涵与西方古典音乐融合，用埙演奏《圣母颂》《G弦上的咏叹调》《摇篮曲》等西方古典音乐精品，以独到的学术见解和舞台实践诠释音乐艺术的"民族与世界"关系，受到广泛欢迎和认可。他先后在美国迈阿密大学、佛罗里达国际大学、纽约大学、肯恩大学、纽约州立大学布法罗分校、纽约州立大学科特兰分校、雪城大学、明尼苏达大学、奥格斯堡学院、圣·约翰大学、南加州大学、加州大学洛杉矶分校、埃默里大学和日本北海道大学等高校，进行国际访问讲学，并举办数十场埙讲座和音乐会，培养海外华人青少年埙演奏人才。

2019年10月，周世斌应联合国教科文组织世界音乐理事会特邀，作为大会唯一中国音乐家出席在法国巴黎举办的第七届世界音乐教育大会，做大会主旨发言并演奏埙，这是中国古老乐器埙首次在国际最高规格的音乐教育学术大会上进行展示和演奏。

经过几十年不懈努力，周世斌为传承与弘扬中国埙文化并使之走向国际舞台做出了突出贡献。

（王玉、罗井昕整理）

相关典章

让埙乐在世界音乐学术讲坛上奏响
——周世斌教授在第六届世音教大会演讲并演奏埙纪实

法音

2019年9月28日至10月2日，法国巴黎，国际音乐教育理事会第六届世界音乐教育大会在此间举行。数百名来自世界各地的音乐教育家、演奏家聚集在初秋的浪漫法兰西，用音乐激发生命之动力，用艺术唤醒生命之激情，向世界宣讲、传播、声明音乐教育的种种权利、义务和行动。

中国首都师范大学音乐学院周世斌教授应大会组委会邀请出席本届会议并做主题发言，会议组织者还特别邀请周教授在大会上演奏了中国乐器埙。周教授是本次大会特邀出席的唯一一位来自中国的音乐教育专家，在大会演奏埙也是这一世界顶级音乐教育大会自举办以来的第一次。

周教授使用的是王其书教授亲制的双腔葫芦埙，演奏的曲目是中国古曲《楚歌》（由王其书教授改编）。演奏前先由大会副主席茜拉教授特别介绍了《楚歌》的历史背景和音乐表现特点（周教授提供资料）。几百位来自世界各国的音乐教育家、演奏家第一次现场认识了这一中国古老乐器，第一次亲耳聆听和领略了埙的魅力。

《楚歌》苍凉,直透人心,一曲终了,全场唏嘘,参会者给予了长时间热烈掌声。

此次大会的主题为"音乐教育的五种权利"。围绕这些主题,来自中国、阿富汗、南非、美国、法国和澳大利亚等国家和地区的音乐教育者做了精彩演讲。周世斌教授有关地震灾区孩子音乐治疗和援助的精彩演讲感人至深,全场同行们一次次用掌声表达了感动与尊重。

会议结束,周世斌教授收获了不少同行对演奏和演讲的祝贺。几位来自非洲及挪威、法国的同行向周教授表达了他们第一次听到埙乐便被其深深吸引并打动的感受。

神州古韵放异彩
——埙的历史、改良与艺术魅力

周世斌

近年来,在中国民族音乐表演舞台上,人们越来越多地被一种独特的、富有魅力的声音所深深吸引。这声音仿佛天籁,悠扬清雅,深邃而悠远;好似来自大地,沉厚凝重,充满土声地气;又像发自遥远的古代,古朴典雅,令人遐想;更酷似人咽鬼泣,凄凄惨惨,悲悲切切。其极具表现力的独特音色,为其他任何乐器所不能替代。这就是中国古老的民族乐器——埙。在为埙的艺术表现魅力所倾倒的同时,许多人不禁要问:这么美妙的民族乐器,为什么以前不熟悉?当其所具有的七千年悠久的历史不仅仅把外国人惊得目瞪口呆,也超乎大多数普通中国人想象和预料的时候,人们就首先把好奇与关注的目光投向了它那不平凡的身世。

一、埙的历史沿革

根据历史记载,埙的起源可追溯至新石器时代。《拾遗记》中有庖牺氏"灼土为埙"的记载。关于埙的可靠的最早文献记载见于公元前6世纪的《诗经·小雅》,其中有"伯氏吹埙,仲氏吹篪"的诗句。1973年浙江余姚河姆渡遗址出土的陶埙是中国迄今为止所发现的年代最早的埙,距今已有七千年左右历史。该埙呈椭圆形,单腔体结构,只有一个吹孔,无音孔,只能发一个音,据称可能是由先民们狩猎的工具——石流星演变而来。后经增加音孔,这种拟音器就逐渐发展成可以吹出旋律的乐器。中国考古工作者在全国各地相继发掘出土了不少各个历史时期的埙，除河姆渡遗址出土的卵形埙以外，还有西安半坡仰韶文化遗址出土的新石器时代的橄榄形埙，大约有六千年历史；山西万荣县荆村和太原义井村遗址出土的新石器时代晚期的管形埙（顶端一吹孔，无音孔，发一个音）、椭圆形埙（顶端一吹孔，腰部一音孔，发两个音）、球形埙（一吹孔，二音孔，发三个音）；甘肃玉门火烧沟遗址出土的系列鱼形埙（顶部有吹孔，鱼身有三个音孔，发四个音）；河南郑州二里岗早商遗址出土的椭圆形埙（三个音孔），距今约三千五百年；河南辉县琉璃阁后商遗址出土的梨形埙（五个音孔），距今约三千年。各个时代埙的制作材料不尽相同，有陶、玉、木、石、瓷等，以陶埙为最常见。在埙的腔体形制上，除以上提及的外，还有月牙形、牛头形等各种形状。到商代后期，中原地区的埙逐渐统一成如《尔雅·释乐》中所注"烧土为之，大如鹅子，锐上平底，形如秤锤，六孔。小者如鸡子"的梨形。历代以来，埙主要作为雅乐乐器而在宫廷中使用。埙在中国的分布地域较广泛，除汉族地区外，少数民族地区也有。至今，在中国西南、西北的一些少数民族中仍流行着各种形制和名称的埙。至汉代以后，由于种种原因，埙渐渐退出艺术舞台，这一中国古老的民族乐器瑰宝从此被蒙上厚厚的历史尘埃，除少数民族地区外，在民间几乎绝迹。到了近现代，才渐渐又有人开始对古埙进行研究、仿制和改良，并用于演奏。20世纪60年代以来，埙的研制、改良工作得到了很大的发展，比较有代表性的、性能较优越的品种主要有：天津陈重先生的九孔埙，天津陆金山先生的十二孔埙、鸳鸯埙，西安高明先生的卵形埙，宁夏冯会耘先生的牛头埙，台湾庄本立先生的十六孔埙。此外，还有握埙、子母埙。北京中国音乐学院曹正先生曾自制音质音准很好的陶埙，厦门大学赵良山先生自制陶埙并在演奏上也取得了很好的成就，等等。

二、埙的沉寂、复苏、改良与发展

（一）历史上埙被人们遗弃的原因

如前所述，埙从狩猎工具演变成一种能演奏旋律的乐器，从无音孔发展到有音孔，经历了漫长的四千年，这同时也是一个很大的飞跃。然而，为什么在它成为一种音色美妙的乐器之后，却又受到人们的冷落呢？答案是非常遗憾和无奈的。因为，将它作为乐器来审视和运用，随着音乐艺术的不断发展，人们逐渐发现它存在着几个明显的缺陷：音域太窄，仅有一个八度左右；音量小，在乐队中不能充分发挥作用；音律不齐，与当时的中国律学理论不能适应。这一乐器优美的音色与其明显的缺陷所形成的矛盾使得历代的音乐家们对其弃之不忍，用之遗憾。为了克服它的缺陷，使其在乐队中充分发挥作用，音乐家们绞尽了脑汁。人们普遍采用的办法是：增加音孔数量，最多加至八音孔，以求解决音域和音律问题；设计不同的腔体形状、吹口形状和位置等，以求扩展音域，增大音量。其结果，除了在音律配置上有所改进，音域一直没有突破八度，音量也没有得到明显的增加。在这种情况下，人们只好忍痛放弃这件美妙的乐器。从汉代起，直至近代，埙的优美音响逐渐沉寂于中国的音乐舞台，成为少数人家的家庭古玩陈列品，而能演奏埙的人更属少见，这不能不说是音乐史上的一个损失。

（二）埙的复苏

历史翻过了一页又一页，埙也沉睡了一年又一年。随着现代化时代的到来，埙终于迎来了属于它自己的机遇，透过厚厚的历史尘埃见到了希望的曙光。其所特有的土声地气、神韵十足的音色和古朴、典雅的风格，迎合了当代人们在精神生活、艺术生活中去追求一种属于大自然的返璞归真的需求，引起了人们极大的兴趣。近十几年来，埙突然成了宠儿，越来越广泛地被运用在音乐和影视舞台上。

（三）埙的改良与发展

千年古埙之所以能够重获新生，并焕发出灿烂的艺术光芒，是与历代音乐家，尤其是当代中国音乐家对这一艺术瑰宝所怀有的珍爱之情、强烈的艺术责任心和呕心沥血分不开的。尤其是20世纪80年代以来，中国音乐家对埙进行了艰苦不懈的改良研究，取得了一些进展和可喜的成果，如前面所介绍的一些具有代表性的现代埙。这些埙适当地扩展了音域（最宽者达十二度），增大了音量，按十二平均律配齐了半音，能转调演奏，埙的演奏技巧也不断创新，作品不断涌现，艺术表现力不断得到丰富。然而，十二度左右的音域和仍然偏小的音量大大限制了埙的艺术表现功能和效果。在演奏过程中，尤其在转调上仍存在着因指法不顺而导致操作困难等问题。如果再继续增加音孔来扩展音域，将破坏腔体的完整性，从而无法振动发音，同时，音孔过大还将无法按指，不能演奏。专家们感到棘手和无奈了。然而，就在这"山重水复疑无路"的时候，四川音乐学院的王其书教授却以其对这一民族乐器瑰宝的挚爱和刻苦钻研、孜孜以求的精神，开辟了埙的改良和发展的新途径。王其书教授是笛子、箫和埙演奏家，双腔葫芦埙的发明者。当时，王教授也和其他有志于埙的研究改良的民族音乐家一样，潜心探索埙的改良出路。从对其他吹奏乐器的研究中，他清楚地看到，中外绝大多数吹奏乐器获得音域增宽的关键，在于通过口形和气流的控制产生超吹音。然而，埙的振动发音方式和振动原理与其他管乐器完全不同，它不是管状空气柱振动发音，而是团状空气球（体）振动发音，这种独特的发音方式决定了它不可能产生倍频振动，即，不可能产生超吹音，这是根据乐器声学做出的结论。不少人认为，让通过空气球振动发音的埙产生超吹音近乎是幻想。这在一般管乐器上是轻而易举的事，在埙上却成了一个极大的难题。王其书教授从1988年以来，进行过无数次的试验和探索，认真研究过别人的改良研究成果，制作过数十种不同形状的腔体。由于各种不同的腔体形状都未脱离团状空气球振动的基本方式，因而都不可能产生超吹音。试验同时证明，埙的腔体振动方式恰恰是其美妙音色的源泉，不容改变。王其书教授在冥思苦想中，突然在头脑中闪过一种想法：腔体振动发音方式之所以不能超吹，是因腔体空气球（团）无法分割成两个半球振动而产生倍频泛音，如果以两个空气球连接在一起，通过口风的控制，使两个球体的振动可分可合，不就可以解决超吹的问题了吗？这一闪念，让他大喜过望。王教授后来告诉我，虽然当时还未正式试验，但经验告诉他，解决超吹问题的钥匙已经找到了，七千年的禁区即将突破。下面的工作是对具体方案进行构思，从造型、按指、吹孔音孔设计、两腔体连接部的设计到腔壁厚度、指法排列等——进行思考，一个新型改良埙的雏形在他的头脑中逐渐形成。经过一年的反复试验、试制、调整设计、筛选方案，终于在1990年研制成功。根据王其书教授的精心设计，该埙的基础结构是复合振动双腔体，即：上、下两个梨形振动腔体，中间用一个小孔（蜂腰孔）将两腔连接起来。当缓和地吹奏（平吹）时，上下两腔是一个整体，作为一个腔体（单腔）振动发音，与普通的埙没有什么差异。当演奏者收紧风门，加大风压（用超吹口形）时，两个腔体在急气流的冲击下分成两个部分，上腔体单独振动发音产生超吹音，下腔体成为一个共鸣腔和调整音高的辅助腔体。这样就利用一个简单的结构——蜂腰孔，达到了使埙产生超吹音而扩展音域的目的。在外观造型上，这一改良埙保持和继承了民族传统的特点，被设计成变形的葫芦形状，饰以小篆或刻花朵图案，衬以大小音孔的合理布局，犹如一件造型别致古朴、具有浓郁民族风格的陶瓷艺术品。王老师将其定名为"双腔葫芦埙"。与传统埙相比，双腔葫芦埙最大的特点是音域得到扩展（超过两个八度），指法排列合理，发音灵敏，快速、慢速演奏都能胜任。在制作上，沿用了传统工艺，以陶土制坯，炉火烧成，保持了传统埙古朴、典雅的风格和音色。该乐器在国内大型演出及赴日本、澳大利亚、加拿大等国访问演出中均受到热烈欢迎，得到高度评价。

三、埙的艺术魅力

我于1996年作为访问学者到美国访问、研修、讲学，其间应邀到佛罗里达国际大学、明尼苏达州的奥格斯堡学院等大学，迈阿密的一些小学，以及国际文化节和一些社会团体进行有关中国民族音乐文化、中国音乐教育、中国养生文化的讲学，并应邀出席了第六届国际音乐医学大会。当我向我的美国同行、学生和公众介绍埙并现场演示时，他们都表现出浓厚的兴趣，并为其悠久的历史、独特而美妙的音色及强烈的艺术感染力而赞叹。透过这件小小的民族乐器，我一次又一次地强烈感受到我们中华民族灿烂的音乐文化所具有的强烈吸引力。我不由得常常思考：埙为何具有如此的魅力？我认为原因有以下四点：1.七千年悠久的历史。在各大学讲学时我曾让学生们放开胆子，张开想象的翅膀去猜它的历史。美国学生猜得最远的是两千年，最近的是两百年。有一个从中国台湾来的学生胆子最大，猜的历史最长，为五千年。她知道中华民族的文明史有五千年，因此认为埙的历史再长也不过如此了，结果还是少了两千年。2.由腔体空气球（团）振动发音原理和陶土材料所产生的独特音色。通观古今中外乐器史，绝大部分吹奏（管）乐器是依据空气柱振动发音原理发音，极少见由腔体空气球（团）振动发音的乐器。（注：本人在美国明尼苏达州圣·约翰大学讲学时曾见到过一件类似乐器，形大，制作材料不同，用嘴含住吹口吹奏，音色有差异。）特殊的振动发音原理是使埙具有独特音色的音响学基础。中国古代（周代）依据制造材料的不同，将乐器分为金、石、土、革、丝、木、匏、竹八种，称为"八音"。而在这八音之中，埙占土音，其音色虽不及编钟、编磬那般金乐悠扬、宏伟浩荡，却以其深邃而悠远，沉厚且凝重的"土"色，令"金石以同功"。由此可见古人对埙的重视，并将其作为中国封建社会宫廷乐队和房中乐的重要乐器，其独特的音色和艺术表现力使它从古至今在丰富而色彩斑斓的中国民族乐器中独具风采，无可替代。3.特有的音阶形态和形式美感特征。埙是中国新石器时代反映远古先民审美意识和其后形成并发展起来的中国古代审美思想特征的十分具有代表性的乐器之一。河姆渡遗址出土的单音卵形埙，使我们对人在吹奏它时由于气流作用所产生的嗡鸣声产生了丰富的想象，并将这种声音与自然界中的各种声响，如某些动物的吼叫和风的呼啸声联想起来。从中我们可以窥测埙所具有的实用性功能，以及先民们表露出来的对神秘大自然原始崇拜的心迹。这种最早的心迹是先民审美意识产生、形成和埙的实用性功能向表现性功能转化的前提和基础。而埙从工具到乐器的转变，从单音乐器到旋律乐器的发展所经历的漫长时期，则是先民审美意识和听觉心理结构得以建立的渐进过程。目前我们所拥有的对这种过程的最有价值的佐证是对现有的出土埙的珍贵音响资料记录。据对陕西半坡遗址和山西荆村遗址出土的陶埙测音分析，发现其音程结构为小三度。[①]中国音乐史学家黄翔鹏先生曾指出："这

[①] 修海林、李吉提：《中国音乐的历史与审美》，中国人民大学出版社，1999，第11页。

个小三度确实在我们民族音阶的发展过程中占有重要位置。甚至在今天，在我国民间劳动歌曲的呼号声中，多数情况下也仍然是小三度占重要地位。"①这种典型的小三度音程表明了在远古时期中国先民听觉上的一种已经形态化了的听觉尺度感和音乐听觉思维模式的初步形成。从小三度音程到火烧沟遗址出土的鱼形埙中以三度音程为特征的四声音阶结构的萌芽和发展，②进一步反映了中国古代自先秦五声音阶之前形成的雅乐四声音阶形态结构和审美听觉思维与情趣，与西方古希腊以四、五度音程为架构的音阶相比，具有重要的音阶发生学意义上的及音乐审美形式美感特征和表现意义上的差异。4.特有的"神韵"。中国传统文化艺术崇尚"兴会神到"的神韵说和"天道自然"的审美原则，不约而同地把"神似"和"征之以天""奏之以阴阳之和""调之以自然之命"看作是最高的艺术审美追求。埙所独具的古雅深沉、浑圆醇厚、幽静深邃的音色和表现风格恰恰体现出了中华民族传统文化所追求的"形神兼顾，养神为先，虚静养神"的气韵和特征，特别注重修炼和提升内在生命力的文化心态和达"天趣自然之妙"的艺术境界。不仅如此，古书中所记载的"伯氏吹埙，仲氏吹篪""天之牖民，如埙如篪""埙唱而篪和"等，均是我国古代以和为美的审美思想及"和为贵"哲学思想的反映。埙的魅力还来自从它的身上所表现出来的从古至今

---

① 黄翔鹏：《新石器和青铜时代的已知音响资料与我国音阶发展史问题（上）》，载《音乐论丛》第一辑，人民音乐出版社，1978，第191页。

② 修海林、李吉提：《中国音乐的历史与审美》，中国人民大学出版社，1999，第12页。

中国一代又一代音乐家为发掘、保持、继承、发扬传统民族音乐文化所做出的不懈努力和奉献。

参考文献

1. 王其书.七千年禁区的突破——复合振动腔体结构的发明与双腔葫芦埙.音乐探索,1994(1).

2. 修海林,李吉提.中国音乐的历史与审美.北京:中国人民大学出版社,1999.

原载于《人民音乐》,2000年第9期

庄本立

个人小传

庄本立，1924年11月6日生于江苏武进。中国台湾国乐教育家，民族器乐研究家。

庄本立自小在充满艺术气息的书香世家中成长，祖父以《论语·学而》中的"君子务本，本立而道生"为其命名。由于环境的潜移默化，他从小就喜爱音乐、绘画与书法。1941年，他进入上海大同大学就读，主修电机工程；同时也加入了仲乐音乐馆，课余随卫仲乐教授学习琵琶、二胡、小提琴和古琴，奠定了其乐器演奏的基础。1945年，他加入中国管弦乐团，随团到各地演出。1947年毕业后，他加入台湾电力公司电气试验所。

虽身为电力工程师，但庄本立并未放弃音乐，积极参与音乐团体。1951年，他组织晨钟国乐社。1952年，他与友人发起组织"中华国乐会",被选为常务理事,之后任该会领导长达五十多年。

或许是受到理工背景影响,庄本立对于乐器的改良具有相当的热情。1953年,他尝试创制一把三弦提琴,隔年则完成了著名的小四筒琴:他根据物理与几何原理,将二大、二小的胡琴筒组合为音箱,看起来就像具有四个筒身的小提琴。1959年,他完成庄氏变孔半音笛,之后陆续又改良了排箫、篪、编磬等乐器。到20世纪60年代,庄本立已在中国乐器领域中奠定其学术地位,多次发表论文并出国表演。1961年,庄本立在商式、宋式和清式埙的基础上,创制了庄式十六孔半音阶埙,是在八孔埙的基础上改良的,每一孔均改成双孔,故共十六孔,使埙的音准提高,并可以吹半音。

八孔埙和庄本立的十六孔埙

1963年,庄本立受聘为"中国文化学院研究所"特约教授,并在台湾艺术专科学校与实践家政专科学校兼课,这时庄本立身兼工程师与音乐教授两种身份。1968年,他应"中国文化学院艺术研究所"所长邓昌国之邀,出任该所音乐组硕士班兼任教授,成为台湾地区教育史上第一位正式指导音乐研究生的教授。1968年9月，他应邀担任祭孔礼乐改进委员会委员兼乐舞小组召集人，其后三年，庄本立逐步改进祭孔礼乐，不仅编定乐谱、制定服装，又复制乐器和编排舞蹈，逐渐地，庄本立成为海内外知名的祭孔乐舞专家和乐器制作人才，多次应邀到美国和日本指导祭孔活动。

1969年，"中国文化学院"张其昀院长接受其建议，设立了国乐组，庄本立被聘任为第一任国乐组主任。1970年，他受聘为"中华乐府研究组"组长。1973年5月，庄本立自台湾电力公司退休，从此成为专职音乐人，除了持续原有的教学活动，更积极参与行政事务。1976年，他出任华冈艺术学校首任校长。1978年，他首开先例，录取盲生就读音乐系国乐组，培养出许多盲人音乐家。

学术会议与论文发表也是庄本立的生活重心。就任专任教职之后，他积极参与各类学术活动，例如亚洲作曲家联盟大会、亚太音乐会议等，针对中国乐思、中国乐器等主题发表文章。1980年，他率领国际友好访问团出发赴美国巡回十八周，公演了三十二场。1986年，他在台湾的"中国文化大学"国乐科系定期音乐会的基础上，将研古与创新的概念融入其中，举办"研古与创新音乐会"，至2000年，总共举办了十五届。这

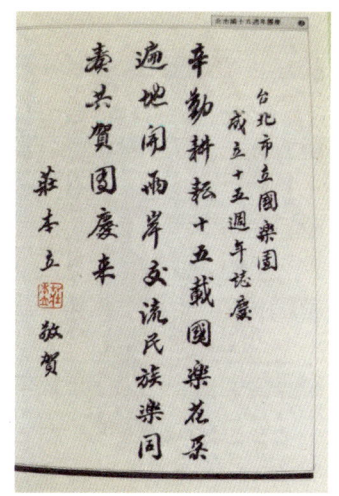

1994年，庄本立给台北市立国乐团成立十五周年的题词

个音乐会节目从传承、改编国乐开始,逐次纳入西洋音乐等。从音乐会的几个主题"十部乐"和"新十部乐"也可以看出他研究古代音乐史的成果。

庄本立生性热心,事必躬亲,直到老年,仍是不断忙碌于教学、研究、教育行政与开音乐会等繁杂事务。其在三十多年的教学生涯中,不但指导了许多学生,对于提携后进更是不遗余力。学生学成返台后,他会积极邀请他们回归母校服务,因此为母校网罗了不少优秀人才。

他在祭孔礼乐上更有很大的贡献,是台湾地区第一个研究乐律、研制乐器、译订古谱、开办国乐专业教育的人。

2001年7月5日,庄本立因病在台北逝世。

庄本立译订的三首古曲（五线谱与简谱对照版）

（刘豪整理）

回首庄本立四川访问

王其书

我与庄本立先生相识是在20世纪90年代，他来成都参加会议，到四川音乐学院访问，进行学术交流活动，学校通知我参加接待，我有幸与他见面、相识并进行了有关埙的乐器改良和埙乐传承的讨论和交流。

他身着与众不同的颇具民族风格的服装,见面入座后,他从包里取出一些资料,与我们进行交流,从他自己设计的引以为自豪的民族风格的服饰到设计的改良乐器,侃侃而谈,充满了对民族音乐的热爱和执着。其中有一份十六孔半音阶埙的资料,他说深感古埙不能转调的不便,决心对其进行改良,这是他多次试验后研制成功的改良埙,是以八孔埙为基础改良而来,将所有音孔都改成双孔,共十六孔,半音关系,十二平均律,可任意转调。

我凭直觉向他提出了疑问,理论上可转任何调,但指法上可能不方便,不顺手,交叉指法和单指挪动指法太多,演奏上比较困难。他笑了,说有这个问题,所以在台湾地区这么多年一直也未能推广开。我说除转调外,还应考虑扩展音域的问题,一件半音齐全的乐器却只有十度的音域,这是远远不够用的。他同意我的看法,说解决这个问题比较困难。顺着这个话题,我向他介绍了双腔葫芦埙,十根手指十一个音孔,只有一根手指是双孔,主要特点是因双腔体的运用而产生了超吹音,扩展了音域,从胴音算起有两个八度音域,十二平均律任意转调,指法比较方便顺手。庄先生听后十分惊讶,有点不太相信,希望看看实物并吹奏。由于当时通知我时只说接待台湾地区朋友,并未提到埙的交流研讨这个内容,我未带乐器,且此时接待时间已近结束,无法再安排。我们双方均表示十分遗憾,庄先生表示他改天单独来和我交流,就这样匆匆结束了访问。

遗憾的是,不知什么原因,他再也没有安排时间前来交流,几年后就传来他仙逝的消息。我不胜悲痛，一位执着于民族音乐事业、执着于海峡两岸国乐交流发展的老人就这样离开了我们。

庄本立教授二三事

林克仁

初次相见，他的穿着给人留下了颇为深刻的印象：传统式的流畅的衣领与带结，配上西式的衣袖，显得飘逸而潇洒。后来我得知这套服装是庄先生自己设计制作的。庄本立教授的服饰表现出中西文化交汇的意趣，既有浓厚的中国传统气息，同时不乏时尚的特色。

几年前，由于要写《中国箫笛》这部书，我隐身于图书馆博览群书，当我从日本出版的有关资料中查获《中国古代之排箫》《篪之研究》《周磬之研究》《埙的历史与比较之研究》《中国音律之研究》等大作的标题，并得知这些大作均出自庄本立先生一人之手时，急欲拜读著作和拜识作者的愿望便蕴藏心中。后来偶然的机遇，我在一次座谈会上结识了台湾"中央大学"洪惟助教授，对民族音乐的共同见解使我们二人走到一起，并最终通过洪先生与庄先生建立了联系。在最初的通信中，庄先生便寄来了他的许多著作——此时他的大作已告售罄，因而是费了大事合成的复印装订本。接着他又寄来了为《中国箫笛》所作的序文，再接着他便飞抵南京。

那是枫叶飘红的季节，庄先生不顾旅途劳顿，为南京师范大学音乐系的师生讲学。通过庄先生的讲演与播放录像带，我们进而了解了他亲历的重要的艺术实践：庞大的祭孔礼乐场面，以及经过改良的许多仿古乐器，均出自庄先生富于创造性的双手。庄先生曾经多次应邀赴美国、日本教导祭孔礼乐，并参加纪念活动，为祖国优秀文化传统的传播做出了积极的贡献。

庄先生对朱载堉十二平均律进行了脚踏实地的研究，对律管内径之递增或递减、律管的开管或闭管、黄钟音高度，以及正、倍、半律之比例，均有实测数据和独到见解，修正了朱载堉十二平均律学说的某些疏漏。这些方面的试验和研究，对于电机工程专业出身的庄先生来说，条件实乃得天独厚。

庄先生青年时期曾以"工作狂"著称。由于他在祭孔礼乐、音乐理论研究、乐器改良，以及音乐教育方面的卓越贡献，曾被授予台湾地区十大杰出青年金手奖。他的生平事迹被载入许多国家出版的世界名人录中。

当庄先生获知拙作《中国箫笛》是自筹经费、自办发行时，他带着脑部疾患术后的病痛，无偿地费心奔走、大力推荐，令笔者大为感动。为此，庄先生意味深长地说："人生以服务为目的，助人为快乐之本。"字字句句，撼人心灵。

在海峡两岸文化交流日益增进的今日，台湾地区学者庄本立教授的敬业精神感人至深，其传统的伦理道德之光引发人们的深思。

原载于《乐器》，1994 年第 1 期